개인 심리학으로 풀어내는 삶의 기술
삶의 과학

알프레드 아들러 지음　정명진 옮김

삶의 과학

초판 1쇄 발행 2014년 2월 20일
3쇄 발행 2017년 6월 10일

원 제 The Science of Living
지은이 알프레드 아들러
옮긴이 정명진
펴낸이 정명진
디자인 정다희
펴낸곳 도서출판 부글북스
등록번호 제300-2005-150호
등록일자 2005년 9월 2일

주소 서울시 노원구 공릉로63길 14, 101동 203호(하계동, 청구빌라)
(139-872)
전화 02-948-7289
팩스 02-948-7269
전자우편 00123korea@hanmail.net

ISBN 978-89-92307-83-3 13180

*잘못된 책은 구입하신 서점에서 바꾸어 드립니다.

개인 심리학으로 풀어내는 삶의 기술
삶의 과학

알프레드 아들러 지음   정명진 옮김

옮긴이의 글
심리학으로 풀어내는 삶의 기술

　이 책은 '개인 심리학'의 창시자인 알프레드 아들러가 개인 심리학이 어떤 것인지를 사례 중심으로 설명하고 있다. 사람이 태어나서 죽을 때까지 겪는 인생의 여러 단계와 그 단계에 일어날 수 있는 문제들이 이 책의 주제라고 할 수 있다. 1910년대 초반에 한 강연의 원고를 묶은 책으로, 1927년에 처음 출판되었다.
　개인 심리학이라 부른다고 해서 그야말로 개인에게만 초점을 맞추는 것은 아니다. 이 책에서 말하는 개인은 물론 하나의 온전한 단일체로서 개인을 말하지만 그 개인은 어디까지나 환경 속의 개인이다. 그래서 개인이 처한 환경과 각 개인과 관계를 맺고 있는 사람들도 당연히 고려의 대상이 된다.
　알프레드 아들러는 일반 독자들에게는 지명도가 조금 낮을지도 모르겠다. 그러나 심리학계에서는 지그문트 프로이트와 칼

융과 정신분석 운동을 공동으로 편 인물로 널리 알려져 있다. 그러다 프로이트가 무의식에 지나치게 집착한다는 판단에 따라 그와 결별하고 독자적으로 활동하면서 자신의 심리학을 '자유 정신분석'이라 부르다가 훗날 정신분석이란 표현까지 버렸다. 아들러의 개인 심리학에서는 의식도 무의식만큼 중요하고 의식과 무의식이 서로 대조적인 것이 아니라 서로 협력하는 관계인 것으로 여겨진다.

그가 세계 각국을 여행하며 개인 심리학을 전파하던 중 1937년에 스코틀랜드 에버딘에서 심장마비로 갑자기 사망함에 따라, 그의 사상은 하나의 학파로 굳어지지 못했다. 그러나 그의 사상 대부분은 신(新)프로이트학파로 수용되었으며 롤로 메이, 빅토르 프랑클, 에이브러햄 매슬로, 앨버트 엘리스 등 20세기 탁월한 심리학자들에게도 영향을 강하게 미쳤다. 강연 여행을 다니던 당시 아들러의 인기는 프로이트나 융에 못지않았다. 인기비결은 그의 아이디어들이 실용적이고, 낙관적이고, 이해가 쉽다는 점이었다. 또 사회적 평등과 페미니즘 같은 사회문제까지 심리학으로 끌어들였다는 점도 높이 평가를 받았다. 아이 양육, 직장과 일, 사회생활과 우정, 사랑과 성욕까지 다양한 단계의 이슈들을 쉬운 언어로 풀어낸다. 이 점이 많은 이들에게 아들러의 개인 심리학의 바탕은 상식이라는 인식을 심어주었다. 이에 대해 아들러는 "상식이 뭐 어때서?"라고 반문했다. 어떤 의미에서 보면 실천하기가 가장 어려운 것이 상식일 수도 있다. 상식이 지배하는 사회는 분명 괜찮은 사회일 것이다.

인간의 심리를 대하는 아들러의 기본자세는 "사람이 할 수 있는 일이라면 누구나 다 할 수 있다"는 주장에 그대로 드러난다. 아주 낙관적이다. 그래서 육체적 장애 같은 단점은 사회나 조직이 하기에 따라 전혀 문제가 되지 않을 수 있다. 다음과 같은 대목에 아들러 심리학의 핵심이 담겨 있다.

"재능을 타고난 사람이 있는 반면에 재능을 타고나지 못한 사람도 있다는 생각은 흔히들 품는 그릇된 생각이다. 이런 관점 자체가 열등감 콤플렉스의 한 표현이다. 개인 심리학에 따르면, 불가능한 것은 없다. 소년이나 소녀가 이 격언을 따르다가 절망하여 인생에 유익한 면으로는 자신의 목표를 성취할 수 없다고 느낀다면, 그것은 열등감 콤플렉스의 한 신호이다. 열등감 콤플렉스의 또 다른 측면은 타고난 특성에 대한 믿음이다. 만일 이 믿음이 정말로 진리라면, 말하자면 성공이 철저히 타고난 능력에만 좌우된다면, 심리학자는 아무에게도 도움이 되지 못한다. 그러나 실제로 보면 성공은 용기에 크게 좌우된다. 심리학자의 임무는 절망감을 유익한 일의 성취에 필요한 에너지를 결집시킬 희망으로 바꿔놓는 것이다."

개인의 소외에 따른 문제가 많이 나타나고 있는 지금, 아들러 심리학의 강점은 무엇보다도 개인의 정신적 문제를 바로잡는 과정에 사회적인 요소와 공동체 의식을 강조한 점인 것 같다. 평등과 사회적 관심, 민주적인 가족 구조 등을 강조한 그의 심리학은 지금 이 시대에도 그대로 유효하다. 아들러가 제시한 개념들 중에서 가장 유명한 열등감 콤플렉스 한 가지만을 제대로 이해해도 삶의 기술을 크게 높일 수 있을 것 같다.

차례

〈옮긴이의 글〉 ...4

1장 삶의 과학 ...13

개인 심리학/ 목표를 향한 노력/ 세상을 보는 방법들/ 사회적 관심/ 발달 과정의 문제들/ 감정연구/ 원형(元型)-부모의 영향/ 아이의 출생 순서/ 어린 시절의 기억/ 개인적 논리/ 개인 심리학의 접근법

2장 열등감 콤플렉스 ...39

의식과 무의식/ 사회적 관계/ 언어와 소통/ 사회적 훈련/ 한계의 극복/ 육체와 정신/ 열등감

3장 우월감 콤플렉스 ...61

우월의 목표/ 현실적 문제해결의 회피/ 우월감 콤플렉스와 열등감 콤플렉스/ 허풍과 자신감/ 건전한 열등감

4장 생활양식 ...83

정상적인 생활양식/ 사회적 적응이 제대로 안 된 생활양식/ 진단의 방법들/ 사회적 감각의 개발/ 우울증과 공포의 극복

5장 어린 시절의 기억들 ...103

원형의 발견/ 기억의 종류/ 가족의 죽음/ 응석받이의 기억/ 특별한 기억들/ 예언적인 분석

6장 태도와 동작 ...121

신체언어/ 정신자세/ 개인적 특성의 발달/ 운명의 주인/ 부러움과 질투/ 남성성 추구

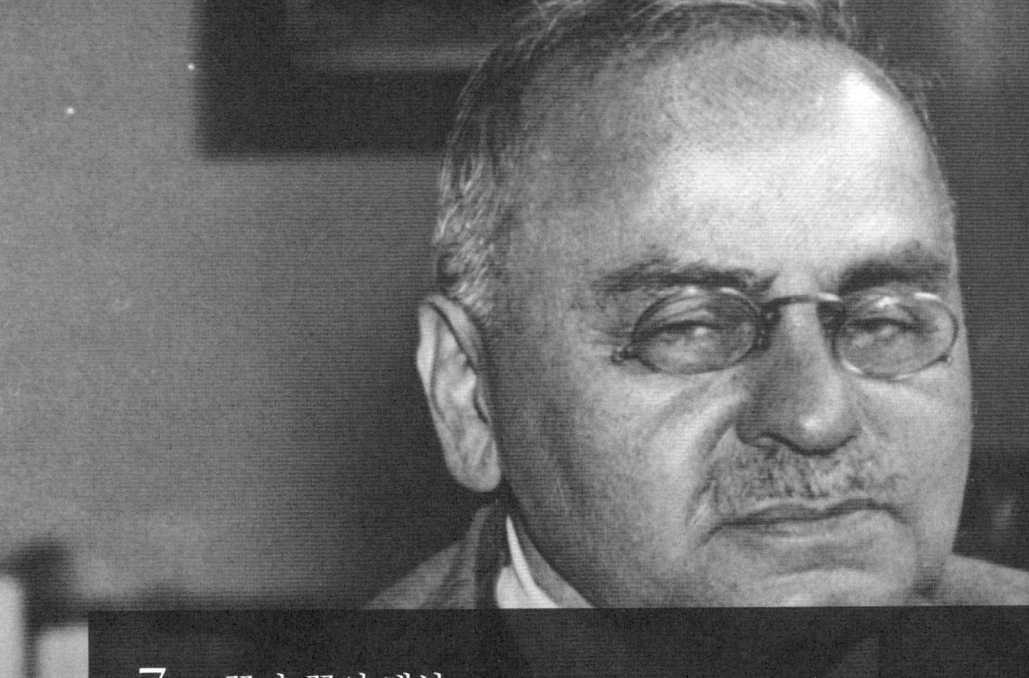

7장 꿈과 꿈의 해석 ...141
꿈의 삶/ 꿈의 목적/ 꿈의 논리/ 해석의 방법/ 꿈을 꾸지 않는 사람/ 수면과 최면

8장 문제아와 그들을 위한 교육 ...161
교육의 원칙들/ 부모와 자식/ 문제아의 우월감 콤플렉스/ 신동/ 아이들을 응원하는 방법/ 아이들의 가족 내 서열

9장 사회적 문제와 사회적 적응 ...187
사회적 맥락/ 인생의 임무들/ 성격의 형성

10장 사회적 감각과 상식 ...205

사회적 유용성/ 숨겨진 콤플렉스/ 신경증의 징후들/ 임상사례/ 격려! 격려! 또 격려!

11장 사랑과 결혼 ...221

준비의 중요성/ 남녀 평등/ 끌림의 역학/ 영원한 응석받이/ 행복한 결혼을 위한 조언/ 위험 신호/ 사회적 임무

12장 성욕과 성 문제 ...239

사실과 미신/ 어린 시절의 성욕/ 생활양식과 성욕/ 범죄자의 예/ 성적 탐닉

13장 열등의 중요성 ...253

1장
삶의 과학

개인 심리학

생활과 직접적으로 연결되는 과학만이 진정한 과학이라고 위대한 철학자 윌리엄 제임스(William James: 1842-1910)는 말했다. 생활과 직결되는 과학에서는 이론과 실천의 분리가 거의 불가능하다. 그런 과학은 바로 생명의 활력에 초점을 맞추고 있기 때문에 곧 삶의 과학이다. 이 같은 고려들은 개인 심리학이라는 과학에 특히 더 잘 적용된다.

개인 심리학은 각 개인의 삶을 하나의 전체로 보려고 노력하고 또 개인의 반응과 움직임과 충동을 삶을 대하는 그 개인의 태도의 일부로 보려고 노력한다. 이런 과학은 필히 실용성을 추구하게 되어 있다. 왜냐하면 우리 모두가 지식의 도움을 받아 자신의 태도를 바로잡으며 바꿔나갈 수 있기 때문이다. 따라서 개인 심리학은 이중으로 예언의 성격을 지닌다. 무슨 일이 일어날 것인지를 예측할 뿐만 아니라, 예언자 요나처럼 어떤 일이 일어나지 않도록 하기 위해서 벌어져야 할 일들을 예측하기도 한다.

개인 심리학이라는 과학은 생명의 신비한 창조력을, 말하자면 발달하고 노력하고 성취하려는 욕망으로 표출되는 생명의 힘을 이해하고 또 어느 한쪽 방향의 결함을 다른쪽 방향의 성공을 통해 보완하려는 노력에서 비롯되었다. 생명의 창조력은 목적을 갖고 있다. 말하자면 이 힘은 어떤 목표를 추구하는 쪽으로 발휘된다는 뜻이다. 이 노력을 펴는 동안에 모든 육체적 및 심리적 작용은 서로 협력한다. 따라서 육체의 움직임과 심리적 조건을 그 개인과의 관계 속에서 고려하지 않고 추상적으로 연구하는 것은 어리석은 짓이다.

예를 들어 범죄 심리학에서 범죄자보다 범죄에 관심을 더 많이 쏟는다면 우스꽝스러운 결과를 낳게 될 것이다. 중요한 것은 범죄가 아니라 범죄자이다. 범죄 행위를 놓고 아무리 깊이 생각한다 하더라도, 그것을 어떤 특정한 개인의 삶에서 일어난 사건으로 보지 않는다면 우리는 그 행위의 범죄성을 절대로 이해하지 못한다. 똑같은 행위도 경우에 따라서 범죄가 되기도 하고 범죄가 되지 않기도 한다. 중요한 것은 범죄를 저지른 개인의 환경을 이해하는 것이다. 말하자면 어떤 개인의 모든 행동과 움직임에 방향을 제시하는 인생의 목표를 이해하는 것이 중요하다는 뜻이다. 이 목표를 알게 되면, 우리는 개별적인 다양한 행동들의 뒤에 숨어 있는 의미를 이해할 수 있게 된다. 우리는 이 행동들을 전체의 부분으로 본다. 이 부분을 연구할 때에도 그것을 전체의 일부로 보면, 우리는 전체 그림을 더 정확히 그릴 수 있다.

목표를 향한 노력

이 책의 저자에 대해 말하자면, 심리학에 대한 관심은 진료 행위를 하는 과정에 일어났다. 의학이 심리적 표현들을 이해하는 데 필요한 목적론적 관점을 나에게 안겨 주었다. 의학에서는 모든 신체기관이 명확한 목표를 향해 발달하려고 노력하는 것으로 본다. 신체기관들은 성숙하면서 점점 더 명확한 형태를 띠게 된다. 게다가 신체기관에 장애가 있는 경우에는 자연이 그 장애를 극복하기 위해 특별한 노력을 기울이거나 아니면 장애가 있는 신체기관의 기능을 넘겨받을 다른 신체기관을 발달시킴으로써 장애를 보완하는 것이 확인된다. 생명은 언제나 지속하려고 노력한다. 생명력이 싸워보지도 않고 외부의 장애물에 굴복하는 예는 절대로 없다.

심리의 발달도 신체기관의 발달과 비슷하다. 각자의 마음에는 현재 상태에서 벗어나 닿고자 하는 어떤 목표 즉 이상(理想)

이 있다. 미래를 위해 어떤 구체적인 목적을 제시함으로써 현재의 장애와 어려움을 극복하려는 노력이 전개되고 있는 것이다. 이 같은 구체적인 목적 혹은 목표를 통해서, 개인은 자신이 현재의 어려움보다 우월하다고 생각하고 또 느낀다. 이는 그가 마음속에 미래의 성공을 품고 있기에 가능한 일이다. 어떤 목표 의식이 없다면, 개인의 행위가 더 이상 의미를 지니지 않게 될 것이다.

이 목표의 설정, 즉 목표를 구체적으로 정하는 것은 인생 초반에, 그러니까 어린 시절의 형성기에 일어난다. 온갖 증거들이 이 같은 사실을 뒷받침하고 있다. 앞으로 성숙할 인격의 원형(元型) 즉 모델이 어린 시절의 형성기에 발달하기 시작한다. 우리는 이 과정이 어떤 식으로 전개되는지 상상할 수 있다. 아이는 연약한 까닭에 스스로 열등하다고 느끼며 자신이 혼자 힘으로는 버텨낼 수 없는 상황에 처해 있다는 사실을 확인한다. 따라서 아이는 발달하려고, 자신이 선택한 목표에 의해 정해진 방향으로 발달하려고 노력한다. 이 단계에서는 발달에 이용되는 재료보다는 발달의 방향을 결정할 목표가 더 중요하다. 이 목표가 어떤 식으로 결정되는지를 설명하기는 어렵다. 그러나 이러한 목표가 존재하고 또 이 목표가 아이의 모든 행동을 지배하는 것은 명백하다. 이 시기의 힘과 충동, 이성, 능력 또는 무능력에 대해서는 아직 아는 것이 아무것도 없다. 아직까지는 이런 것을 알아낼 열쇠가 전혀 없다. 왜냐하면 아이가 목표를 정하고 난 뒤에야 그 방향이 확고히 서기 때문이다. 어떤 인생이 추구하는 방향을 볼 수 있을 때에만, 그 인생이 미래에 어떤 단계를 밟게 될 것인지를 예측하는 것이 가능해진다.

세상을 보는 방법들

 원형, 즉 어떤 목표를 구체화하는 초기의 성격이 형성될 때, 개인은 어느 쪽으로 나아갈 것인지 그 방향을 뚜렷이 보이게 된다. 이 같은 사실 때문에 우리는 어떤 사람의 인생에 훗날 어떤 일이 일어날 것인지를 예측할 수도 있다. 이후로 이 사람의 통각(統覺: 경험이나 인식을 자신의 의식으로 종합하여 통일시키는 작용)은 똑같은 방향을 따르게 된다. 이제 아이는 주어진 상황을 실제로 존재하는 그대로 지각하지 않고 자신의 개인적 통각체계에 따라 달리 지각한다. 말하자면 아이는 상황을 자신의 목표와 이익이라는 편견을 가진 상태에서 지각할 것이다.

 4세나 5세가 되면 원형이 이미 형성되어 있다. 그렇기 때문에 원형을 이해하려면 그 기간이나 그 전에 아이에게 강하게 각인된 인상들을 찾아내야 한다. 아이의 마음에 새겨진 인상들은 아주 다양하다. 우리가 어른의 관점에서 상상하는 것보다 훨씬 더 다양하다.

 이 대목에서 재미있는 사실이 한 가지 발견된다. 신체기관에 장애가 있는 아이들이 자신의 모든 경험을 장애가 있는 신체기관의 기능과 연결시킨다는 점이다. 예를 들어 위(胃)에 문제가 있는 아이는 먹는 행위에 비정상적일 정도로 깊은 관심을 보이는 한편, 시력에 문제가 있는 아이는 보이는 것들에 더욱 몰두하는 모습을 보인다. 이 몰두는 사람들을 저마다 특별하게 만드는 개인의 통각체계에 따라 달라진다. 그러므로 어떤 아이의 관심이 어디에 있는지를 찾아내려면 그 아이의 어느 신체기관에 장애가 있는지를 알아내기만 하면 된다고 할 수도 있다. 그러나 세상의 일이란 것이 그처럼 간단하게 돌아가지 않는다. 아이는 신체기관의 열등을 외부의 관찰자가 보는 것과 똑같이 경험하지 않고 통각체계에 의해 조정된 상태로 경험한다. 따라서 신체기관이 열등하다는 사실은 아이의 통각체계의 한 요소로 중요하게 작용하는 한편, 이 열등에 대한 외부의 관찰은 그 아이의 통각체계에 반드시 자극을 주지는 않는다.

아이는 모든 것을 상대적인 어떤 체계 속에서 보고 있는데, 이는 피할 수 없는 일이다. 우리 어른들 중에도 절대적 진리로 축복을 받은 사람은 아무도 없다. 과학조차도 절대적 진리로 축복을 받지 못하긴 마찬가지이다. 과학은 상식에 바탕을 두고 있다. 말하자면 과학이란 것도 언제나 변하면서 큰 실수를 작은 실수로 점진적으로 대체하는 것으로 만족하고 있다. 우리 모두는 실수를 저지른다. 그러나 중요한 것은 우리가 실수를 바로잡을 수 있다는 사실이다. 그런 정정은 원형이 형성되는 시기에 이뤄질수록 더 쉬워진다. 이 시기에 실수들을 바로잡지 않으면, 우리는 훗날 이 시기의 전체 상황을 어렵게 상기함으로써만 실수들을 바로잡을 수 있게 될 것이다. 따라서 만일 우리가 신경증 환자를 치료하는 임무를 맡게 된다면, 우리의 임무는 그 환자가 성장한 뒤에 저지른 평범한 실수들을 발견하는 것이 아니고 삶의 초기에 원형을 형성하던 과정에 저지른 매우 근본적인 실수들을 찾아내는 것이다. 만일 이 실수들을 발견해낸다면, 그것들을 적절한 치료를 통해 바로잡는 것이 가능해진다.

따라서 개인 심리학은 유전을 별로 강조하지 않는다. 중요한 것은 어떤 사람이 무엇을 물려받았느냐 하는 것이 아니고 물려받은 것을 어린 시절 초기에 어떻게 다루느냐 하는 것이다. 즉 어린 시절의 환경에서 형성되는 원형이 중요하다는 뜻이다. 태생적으로 물려받은 신체기관의 장애는 당연히 유전의 문제로 돌려야 한다. 그러나 그런 경우에도 우리의 임무는 바로 그 아이를 특별한 어려움에서 해방시켜 호의적인 상황에서 성장할 수 있도록 돕는 것이다. 장애를 눈으로 확인하게 되면, 우리는 거기에 따라 행동하는 방법을 익히게 된다. 이런 측면에서 본다면, 실은 장애가 있는 경우에도 큰 이점을 누린다고 볼 수 있다. 유전적으로 아무런 장애를 타고나지 않은 아이가 영양결핍이나 양육에서의 많은 실수들 때문에 더 심하게 잘못되는 경우도 자주 있다.

　신체기관에 장애를 갖고 태어나는 아이들의 경우 가장 중요한 것은 심리 상태이다. 이 아이들이 대체로 어려운 상황에 처하기 때문에, 이들은 과도한 열등감의 징후를 보인다. 원형이 형성되는 시기에, 이들은 이미 다른 사람들보다 자기 자신에게 더 많은 관심을 기울이게 되며 이 후에도 계속 그런 성향을 보인다. 신체기관의 장애가 원형에 실수를 일으키는 유일한 원인은 아니다. 다른 상황도 똑같이 실수들을 낳을 수 있다. 예를 들면 응석받이로 자라는 아이와 미움을 받는 아이의 상황이 있다. 우리는 앞으로 이런 상황들을 세세하게 묘사하고 또 아이들에게 특별히 좋지 않은 3가지 상황, 즉 신체기관에 장애를 가진 아이의 상황과 응석받이로 자란 아이의 상황, 그리고 미움을 받으며 자란 아이의 상황을 쉽게 보여줄 사례들을 제시할 것이다. 지금으로선 이 아이들이 나중에 자라서 심신의 장애를 보였으며 독립을 배우기 어려운 환경에서 자란 탓에 끊임없이 공격을 두려워하게 되었다는 점을 강조하는 것만으로도 충분하다.

사회적 관심

　출발 단계에서부터 사회적 관심을 이해할 필요가 있다. 왜냐하면 그것이 우리의 교육과 치료, 치유에서 가장 중요한 부분이기 때문이다. 용기 있고, 자신감 있고, 세상 속에서 편안함을 느낄 수 있는 사람들만이 인생의 어려움과 이점을 똑같이 이용할 수 있다. 그들은 절대로 두려워하지 않는다. 그들은 인생에는 필히 어려움이 따르게 마련이지만 자신이 그 곤경을 극복할 수 있다는 것을 잘 알고 있다. 그들은 당연히 사회적 문제가 될 인생의 모든 문제들을 직면할 준비가 되어 있다. 인간적인 관점에서 보면, 사회적 행동을 준비하는 것이 반드시 필요하다. 앞에서 언급한 3가지 유형의 아이들은 사회적 관심이 낮은 원형을 개발한다. 그들은 인생에 필요한 것들을 성취하거나 인생의 어려움을 해결할 수 있는 심리적 태도를 갖추지 못하고 있다. 이런 아이들의 원형은 패배감을 느끼면서 삶의 문제에 대해 그릇된 태도를 취하고 쓸모없는 쪽으로 성격을 개발하는 경향을 보인다. 한편 이런 환자들을 치료하는 우리의 임무는 환자들이 인생에 유익한 쪽으로 행동을 개발하고 전반적으로 인생과 사회에 유익한 태도를 확고히 익히도록 하는 것이다.

사회적 관심을 결여하고 있다는 것은 곧 인생의 쓸모없는 면으로 경도되어 있다는 뜻이다. 사회적 관심이 부족한 개인들은 문제아와 범죄자, 광인, 주정뱅이 집단을 이루고 있다. 이런 환자들을 치료할 때, 우리의 문제는 그들이 인생의 쓸모 있는 쪽으로 돌아가 다른 사람들에게 관심을 갖도록 할 수단을 발견하는 것이다. 이 점에서 보면 개인 심리학은 실은 사회 심리학이라고 할 수 있다.

발달 과정의 문제들

사회적 관심 다음으로 우리가 수행해야 할 임무는 개인이 발달 과정에 직면한 어려움들을 찾아내는 일이다. 이 임무는 얼핏 보면 다소 혼란스럽지만, 따지고 보면 그다지 복잡하지 않다. 응석받이가 미움을 사는 아이가 된다는 것을 우리는 잘 알고 있다. 우리의 문명에서는 사회도 가족도 응석받이로 아이를 키우는 것을 무한정 용납하지 않는다. 응석받이로 자란 아이는 매우 빨리 인생의 문제에 직면한다. 학교에 가면 이 아이는 자신이 새로운 사회적 문제가 발생할 새로운 사회제도 안에 들어와 있다는 사실을 깨닫는다. 이 아이는 친구들과 함께 어울려 글을 쓰거나 같이 놀려고 하지 않는다. 왜냐하면 그의 경험이 그가 학교의 공동체 생활을 잘 할 수 있도록 준비를 시키지 못했기 때문이다. 사실 원형이 형성될 시기의 경험 때문에 그는 그런 상황을 무서워하며 응석을 더 많이 부리게 된다. 이런 개인적 특징은 물려받은 것이 아니다. 왜냐하면 우리가 그의 원형과 목표의 성격을 알아냄으로써 그런 특성들을 추론해낼 수 있기 때문이다. 그에겐 자신의 목표 쪽으로 움직이게 하는 특성들이 있기 때문에, 그가 다른 방향으로 신경을 쓸 특징을 갖는 것은 불가능하다.

감정 연구

삶의 과학에서 그 다음 단계는 감정을 연구하는 것이다. 중심선, 즉 목표에 의해 결정된 방향은 개인의 특징과 육체의 움직임, 표정과 외부로 나타나는 일반적 징후들에 영향을 줄 뿐만 아니라 마찬가지로 감정까지 지배한다. 개인이 언제나 자신의 태도를 감정으로 정당화하려고 노력한다는 사실은 정말 놀라운 일이다. 따라서 만일 어떤 사람이 선한 일을 하길 원한다면, 이 같은 생각이 그 사람의 전체 정서적 삶을 지배하게 된다는 사실을 우리는 발견하게 될 것이다. 그러면 우리는 어떤 사람의 감정들이 인생의 임무를 보는 그 사람의 관점과 언제나 일치한다고 결론을 내릴 수 있다. 감정들은 그 사람의 행동에 나타나는 성향을 더욱 강화할 것이다. 우리는 과거에 하던 일을 언제나 별다른 감정 없이 하고 있으며, 감정은 단지 행동에 수반되는 것일 뿐이다.

이 같은 사실을 우리는 꿈에서 분명히 볼 수 있다. 꿈에 어떤 목적이 있다는 점을 확인한 것은 아마 개인 심리학이 최근 이룬 성취 중 하나일 것이다. 모든 꿈은 당연히 어떤 목적을 갖고 있다. 이것이 분명히 이해된 것은 최근의 일이다. 언어로 구체적으로 표현되지 않고 대체적으로만 표현되는 꿈의 목적은 어떤 감정이나 기분을 창조하는 것이며, 이렇게 창조된 감정은 꿈을 그 분위기로 더욱 밀고 나간다. 이는 꿈은 언제나 기만이라던 옛날의 생각에 대한 재미있는 설명이 된다. 우리는 자신이 행동하고 싶어 하는 쪽으로 꿈을 꾼다. 꿈은 깨어 있을 때 할 행동과 태도를 정서적으로 미리 연습하는 것이다. 다만 실제 행동이 따르지 않는 연습이다. 바로 이 점에서 보면 꿈은 기만적이다. 감정적 상상은 우리에게 행동을 하지 않는데도 행동의 전율을 안겨준다.

꿈의 이 같은 특징은 또한 깨어 있는 삶에서도 발견된다. 우리는 언제나 스스로를 감정적으로 숨기는 경향을 보인다. 언제나 4세나 5세 때에 형성된 원형의 길을 그대로 따르길 원하는 것이다.

원형(元型)- 부모의 영향

삶의 과학을 논하는 우리의 과학체계에서 그 다음 순서는 원형의 분석이다. 앞서 밝힌 바와 같이, 4세나 5세 때에 이미 원형이 다듬어진다. 그렇기 때문에 우리는 그때나 그 전에 아이가 받은 인상들을 찾아내야만 한다. 이 인상들이야말로 정말 다양할 수 있다. 정상적인 어른의 관점에서 상상할 수 있는 것보다 훨씬 더 다양하다. 아이의 마음에 가해지는 가장 평범한 영향력 하나는 아버지나 어머니의 과도한 처벌이나 학대에 따른 억압의 느낌이다. 이 영향이 아이로 하여금 해방을 추구하도록 만들고, 간혹 이것이 심리적으로 누군가를 배제하는 태도로 나타난다. 따라서 성질 급한 아버지를 둔 일부 소녀들이 성질이 급할 것이라는 이유로 남자를 배제하는 원형을 갖고 있다는 사실이 확인된다. 아니면 엄격한 어머니에게 억압당한 소년들은 여자를 배제할 것이다. 이처럼 배제하는 태도도 당연히 다양하게 표현될 것이다. 예를 들면, 아이가 수줍어하거나 성적으로 왜곡될(간단히 여자를 배제시키는 또 다른 방법이다) 수도 있을 것이다. 이런 왜곡은 물려받는 것이 아니고 당시 아이를 둘러싸고 있는 환경에서 비롯된다.

아이가 초반에 저지르는 실수들은 무서운 대가를 요구한다. 이 같은 사실에도 불구하고, 아이는 안내를 거의 받지 못한다. 부모는 자신의 경험의 결과를 모르고 있거나 혹여 알고 있다 하더라도 그것을 아이에게 고백하지 않을 것이다. 따라서 아이는 스스로 길을 걸어야 한다.

아이의 출생 순서

정말 신기하게도, 똑같은 상황에서 성장한 두 아이는 절대로 있을 수 없다. 똑같은 가정에서 태어난 아이일지라도 성장하는 환경은 다 다르다. 같은 가족 안에서조차도 각 아이를 둘러싸고 있는 환경은 아주 특별하다. 따라서 첫 아이는 다른 아이들과 아주 다른 환경에서 자라게 된다. 첫 아이의 경우에는 처음에는 다른 아이가 없기 때문에 주의의 초점을 혼자 독차지한다.

그러다 둘째 아이가 태어나자마자, 첫째 아이는 자신이 왕위를 빼앗긴다는 사실을 깨닫게 되며 상황의 변화를 달가워하지 않는다. 사실 그가 권력을 쥐었다가 더 이상 권력을 누리지 못하게 된 것은 그의 인생에서 상당히 큰 비극이다. 이 비극의 느낌이 원형의 형성에 반영될 것이고 성인이 되어서 그의 성격적 특징으로 나타날 것이다. 실제 사례들을 보면 이런 아이들은 언제나 실패로 힘들어하는 것이 확인된다.

가족 내의 또 다른 환경의 차이는 아들과 딸에 따라 다른 대우에서 발견된다. 대체로 보면 아들은 과대평가를 받고 딸은 마치 아무것도 성취하지 못하는 존재인 것처럼 취급당한다. 이런 상황에 처한 소녀들은 자라면서 언제나 망설이고 의심하게 될 것이다. 평생 동안 소녀들은 지나치게 많이 망설일 것이며 언제나 남자들만이 무엇인가를 성취해낼 수 있다는 인상에 짓눌린 채 지낼 것이다.

둘째 아이의 위치도 마찬가지로 특징이 있다. 둘째 아이의 위치는 첫째 아이의 위치와 완전히 다르다. 둘째 아이에겐 자기보다 앞서 달리는 선도자가 항상 있다는 점에서 그렇다. 대체로 둘째 아이는 선도자를 능가한다. 그 이유는 간단하다. 첫째 아이가 그런 경쟁자를 두고 있다는 사실에 성가셔 할 것이고, 이 성가심이 최종적으로 가족 내의 그의 지위에 영향을 미치게 되는 것이다. 첫째 아이는 경쟁에 놀라기만 하다 경쟁을 제대로 벌이지 못한다. 첫째 아이는 둘째 아이에게로 끌리기 시작하는 부모의 평가에서 갈수록 더 떨어지게 된다. 한편 둘째 아이는 언제나 선도자를 보고 있으며 따라서 늘 경주를 벌이게 된다. 둘째 아이의 모든 특징은 가족 내의 특이한 위치를 반영할 것이다. 그는 반항기를 보이고 권력이나 권위를 인정하지 않으려 할 것이다.

역사와 전설은 막강한 막내의 사건들을 무수히 많이 들려주고 있다. 성경 속의 요셉이 대표적인 예이다. 그는 모든 사람들을 능가하길 원했다. 그가 집을 떠난 몇 년 뒤에 남동생이 태어났다는 사실도 상황을 바꿔놓지 못했다. 그의 위치는 여전히 막내였다. 동화에서도 이와 똑같이 막내가 주도적 역할을 하는 내용이 발견된다. 이런 특징은 사실 어린 시절 초기에 비롯되며 그 개인의 통찰력이 아주 높아지지 않는 한 잘 바뀌지 않는다. 아이를 바로잡기 위해선, 당신은 그 아이가 자신의 어린 시절 초기에 일어난 일들을 충분히 이해하도록 만들어야 한다. 그 아이가 자신의 원형이 삶의 모든 상황에 부정적으로 영향을 미치고 있다는 점을 이해하도록 해줘야 한다는 뜻이다.

어린 시절의 기억

원형, 즉 어떤 개인의 본질을 이해하는 중요한 한 도구는 옛 기억들을 연구하는 것이다. 우리의 모든 지식과 관찰을 근거로 할 때, 우리는 어린 시절의 기억들이 원형에 속한다고 결론을 내리지 않을 수 없다. 한 예가 이를 명쾌히 뒷받침할 것이다. 첫 번째 유형의 아이, 그러니까 신체기관에 장애를 갖고 태어난 아이를 고려해 보자. 예를 들어 위가 약한 아이를 보자. 만일 이 아이가 무엇인가를 보거나 들은 기억이 있다면, 그것은 아마 어떤 식으로든 음식과 관련이 있을 것이다. 아니면 왼손잡이 아이를 예로 들어보자. 왼손잡이라는 사실은 그의 인생관에까지 영향을 미칠 것이다. 당신은 어떤 사람으로부터 이 아이의 어머니가 아이를 응석받이로 키운다거나 아이의 동생이 태어났다는 소식을 들을 수도 있다. 아니면 아이의 아버지가 불같은 성격의 소유자라면 아이가 아버지에게 두들겨 맞는다든지, 학교에서 미움을 사는 아이라면 친구들로부터 구타를 당한다든지 한다는 이야기를 들을 것이다. 이 모든 조짐들은 매우 소중한 정보들이다. 만일 우리가 이 조짐들의 의미를 읽어내는 기술을 배우기만 한다면, 이것들은 아이를 바로잡는 데 아주 소중한 자료가 될 것이다.

  어린 시절의 기억을 이해하는 기술은 아주 탁월한 공감능력을 요구한다. 즉 문제를 바로잡는 임무를 맡은 사람이 자신을 환자와 동일시하면서 환자의 어린 시절로 들어갈 줄 아는 능력이 아주 중요하다는 뜻이다. 우리가 아이의 삶에서 동생의 출생이 의미하는 바를 진정으로 이해하거나, 성질 급한 아버지의 학대가 아이의 마음에 남긴 상처를 이해할 수 있는 것은 바로 이런 공감능력을 통해서이다.

이 주제에 관해서라면, 처벌이나 훈계, 설교를 통해서 얻을 수 있는 것은 아무것도 없다는 사실을 반드시 강조해야 한다. 아이도 어른도 변화를 줘야 할 것이 무엇인지를 모르는 상황에서는 어떠한 것도 성취해내지 못한다. 자신에게 무엇이 잘못되었는지를 모르는 아이는 더욱 교활해지고 더욱 소심해진다. 그러나 그의 원형은 처벌이나 설교에 의해서는 절대로 바뀌지 않는다. 원형은 단순한 인생 경험에 의해서는 변화될 수 없다. 왜냐하면 인생의 경험이 이미 그 사람의 개인적 통각체계에 따라 이뤄지고 있기 때문이다. 아이가 어떠한 변화라도 이루도록 하려면 반드시 우리가 아이의 근본적인 성격을 건드릴 수 있어야 한다.

개인적 논리

만일 발달 상태가 형편없는 아이들을 둔 어떤 가족을 관찰한다면, 그 아이들 모두가 비록 지적인 것처럼 보일지라도(그들에게 어떤 질문을 던지면 정답을 제시한다는 의미에서) 그들의 징후와 표정을 살펴보면 열등감을 강하게 느끼고 있다는 사실이 확인될 것이다. 물론 지능이라고 해서 반드시 상식인 것은 아니다. 그 아이들은 신경증 환자들 사이에서 발견되는 그런 종류의, 지극히 개인적인 정신자세를 갖고 있을 것이다. 예를 들어 강박신경증을 앓는 환자는 창문 숫자를 헤아리는 것이 쓸데없는 짓이라는 것을 잘 알면서도 그 짓을 멈추지 못한다. 아마 유익한 일에 관심을 쏟는 사람이라면 절대로 이런 짓을 하지 않을 것이다. 지극히 개인적인 논리와 언어는 광인의 특징이다. 광인은 사회적 관심을 상징하는 상식의 언어로는 절대로 말을 하지 않는다.

만일 상식의 판단과 개인적 논리를 대조시킨다면, 거의 언제나 상식의 판단이 옳다. 상식을 근거로 우리는 선과 악을 구분한다. 그리고 우리가 복잡한 상황에서 실수를 저지른다 할지라도, 그 실수들은 스스로 바로잡아지는 경향을 보인다. 우리의 사고의 바탕에 상식이 작용하고 있기 때문이다. 그러나 언제나 개인적 관심만을 추구하는 사람들은 그렇지 않은 사람들만큼 쉽게 옳고 그른 것을 구별하지 못한다. 사실 그런 사람들은 판단력이 흐리다는 사실을 자주 드러내 보인다. 그들의 모든 움직임이 관찰자에게 분명하게 보이기 때문이다.

범죄행위를 보도록 하자. 만일 범죄자에게 지능과 이해력, 동기에 대해 묻는다면, 범죄자가 언제나 자신의 범죄행위를 현명하고 영웅적인 것으로 여긴다는 사실이 발견될 것이다. 범죄자는 자신이 탁월한 목표를 성취했다고 믿는다. 즉 자신이 경찰보다 더 똑똑하고 다른 사람들을 능가한다고 믿는 것이다. 따라서 범죄자는 자신의 마음속에서 스스로 영웅이 되며, 자신의 행동이 영웅과는 거리가 아주 먼 무엇인가를 암시한다는 사실을 보지 못한다. 그가 인생의 쓸모없는 면에서 행동하도록 하는 사회적 관심의 결여가 용기의 결여와 비겁과 관련이 있는데도, 범죄자는 이런 사실을 모른다. 쓸모없는 일로 관심을 돌리는 사람도 종종 암흑과 고립을 두려워하며 다른 사람과 함께 하기를 원한다. 이것이 바로 겁이며 그런 이름으로 불리어 마땅하다. 정말로 범죄를 막는 최선의 길은 모든 사람들에게 범죄는 비겁의 표현에 지나지 않는다는 점을 설득시키는 것이다.

일부 범죄자들이 서른 살에 가까워지면서 직장을 얻고 결혼하여 인생 후반에 선한 시민이 된다는 사실은 잘 알려져 있다. 도대체 무슨 일이 일어나기에 이런 현상이 나타나는 것일까? 강도를 예로 들어보자. 서른 살 강도가 스무 살 강도와 경쟁할 수 있을까? 스무 살 강도는 똑똑하고 힘도 더 세다. 게다가, 범죄자는 서른 살이 되면 주변으로부터 그때까지 살았던 방식과는 다른 방식으로 인생을 살라는 압박을 받는다. 그 결과 범죄라는 직업이 범죄자에게 더 이상 월급을 내놓지 않게 되고, 자연히 범죄자는 은퇴하는 게 낫겠다고 결론을 내린다.

범죄자와 관련하여 알아둬야 할 또 다른 사실은 범죄에 대한 처벌 수위를 높일 경우에 그것이 범죄자를 놀라게 하기는커녕 오히려 범죄자로 하여금 자신이 영웅이라는 믿음을 더 강하게 품도록 만든다는 점이다. 범죄자는 자기중심적인 세계에 갇혀 산다는 사실을 우리는 잊어서는 안 된다. 그런 세상에서는 누구도 진정한 용기와 자신감, 공동체 의식 혹은 공통적 가치에 대한 이해를 발견하지 못한다. 그런 세계에 사는 사람들이 어떤 단체에 합류하는 것은 불가능한 일이다. 신경증 환자들은 좀처럼 집단을 이루지 않는다. 광장공포증을 앓는 사람이나 광기가 있는 사람에겐 그런 일이 불가능하다. 자살을 시도하는 문제아나 어른은 결코 친구를 만들지 않는다. 이는 절대로 이유가 밝혀지지 않을 사실들이다. 그러나 한 가지 이유는 안다. 그들의 초기의 삶이 자기중심적인 쪽으로 방향을 잡았기 때문이다. 그들의 원형은 거짓 목표들로 향했으며, 따라서 그들의 인생은 쓸모없는 쪽으로 향하게 되어 있었다.

여기서 개인 심리학이 신경증을 앓는 사람들과 범죄자들, 주정꾼들, 그리고 범죄나 술 같은 수단을 통해 인생의 유익한 쪽에서 반대편으로 달아나기를 바라는 사람들을 위한 교육과 훈련용으로 제공하는 프로그램을 고려해보자.

잘못된 것이 무엇인지를 쉽게 또 빨리 이해하기 위해선, 먼저 문제가 시작된 시기에 대해 묻는 것으로 시작해야 한다. 대체로 문제를 안고 있는 사람들에겐 새로운 상황을 탓하는 경향이 있을 것이다. 그러나 이것은 잘못이다. 왜냐하면 새로운 상황이 실제로 일어나기 전에, 환자가 그 상황에 대한 준비를 제대로 갖추지 않았을 것이기 때문이다. 조사를 시작하기만 하면 이러한 사실이 금방 드러난다. 환자가 자신에게 유리한 상황에 처해 있는 한, 그의 원형에 잘못된 점이 분명하게 드러나지 않았다. 왜냐하면 그런 경우엔 각각의 새로운 상황이 그 환자의 원형에 의한 통각체계와 조화를 이루고 있기 때문이다. 그의 반응은 단순한 반응이 아니다. 그 반응은 창조적이며 또 평생 동안 그를 지배해 온 목표와 일관성을 보인다. 개인 심리학의 연구를 통해 얻은 경험에 따르면, 어떤 고립된 부분의 중요성뿐만 아니라 유전의 중요성까지 배제해야 할 것이다. 원형이 그 자체의 통각체계에 따라서 경험들에 반응한다는 것을 우리는 알고 있다. 그리고 우리가 조금의 결과라도 얻기 위해 건드려야 할 것은 바로 이 통각체계이다.

개인 심리학의 접근법

지금까지의 설명은 개인 심리학이 20세기 초에 개발한 접근법을 요약한 것이다. 여러분도 알 수 있듯이, 개인 심리학은 새로운 방향으로 먼 길을 걸어왔다. 세상에는 수많은 심리학과 정신병 치료법이 있다. 한 심리학자는 이쪽 방향을 취하고 있고, 또 다른 심리학자는 다른 방향을 취하고 있다. 그러면서 어느 심리학자도 다른 심리학자들의 방향이 옳다고 믿지 않는다. 아마 독자 여러분은 개인적 믿음과 신념에 의존해서는 안 될 것이다. 독자 여러분이 여러 방향을 서로 비교해보기를 바란다. 그러면 여러분은 소위 "추동(推動)" 심리학이라 불리는 심리학(미국에서는 윌리엄 맥두걸(William McDougall)이 이런 심리학을 대표하고 있다)에 동의할 수 없다는 사실을 깨달을 것이다. 왜냐하면 "추동"이 타고난 성향을 지나치게 강조하는 경향이 있기 때문이다. 마찬가지로 우리는 행동주의의 "조건화"와 "반응"에도 동의할 수 없다. 만일 우리가 어떤 개인의 행동이 향하고 있는 목표를 제대로 이해하지 못한다면, 그 사람의 "추동"과 "반응"을 바탕으로 그의 운명과 성격을 구성해봐야 아무런 소용이 없다. 이런 심리학 학파들은 어떤 것이든 개인의 목표라는 측면에서 생각하지 않는다.

"목표"라는 단어가 언급될 때, 독자 여러분이 막연하다는 인상을 받을 수 있는 것도 사실이다. 목표라는 개념을 보다 구체화할 필요가 있다. 크게 보면, 목표를 갖는다는 것은 곧 신(神)이 되기를 갈망한다는 뜻이다. 그러나 신처럼 된다는 것은 물론 종국적인 목표이다. 말하자면 목표 중의 목표인 것이다. 교육자들은 자신과 자신의 아이들을 신처럼 되도록 교육시키려 노력하면서 세심한 주의를 기울여야 한다. 사실 발달 단계에 있는 아이는 언제나 구체적인 목표를 수시로 바꿔나간다는 것이 확인된다. 아이는 자신의 환경 안에서 가장 강력한 사람을 찾고 그 사람을 자신의 모델이나 목표로 삼는다. 이 사람이 아버지가 될 수도 있고 어머니가 될 수도 있다. 왜냐하면 소년까지도 자기 어머니가 가장 강력한 존재인 것처럼 보이면 자기 어머니를 모방할 수 있기 때문이다. 세월이 조금 흐르면 아이는 마부가 되기를 바란다. 그의 눈에는 마부가 가장 강력한 사람처럼 비치기 때문이다.

아이들이 그런 목표를 처음으로 품게 되면, 그들은 마부처럼 행동하고 느끼며 옷차림도 그런 식으로 입고 그 목표와 일치하는 모든 특징을 갖추려고 노력한다. 그러나 경찰이 손가락을 한번 까딱 하도록 해보라. 경찰 앞에서 마부는 아무것도 아니다. 훗날에는 그 이상이 의사나 선생으로 바뀔 수 있다. 선생의 경우에는 학생들을 처벌할 수도 있고, 따라서 선생이 강력한 존재로서 학생의 존경심을 불러일으키기 때문이다.

아이는 자신의 목표를 고르면서 구체적인 상징들을 선택한다. 그러면 아이가 선택하는 목표가 정말로 그 아이의 사회적 관심을 말해주는 지표임을 우리는 알 수 있다. 어느 아이에게 나중에 커서 무엇이 되고 싶냐 하고 물었더니, 이 아이는 "교수형 집행인이 될 거예요."라고 대답했다. 이는 사회적 관심의 결여를 드러내고 있다. 이 소년은 생과 사의 주인이 되기를 원했다. 신의 권한에 속하는 역할이다. 그는 사회보다 더 강력한 존재가 되기를 바랐고, 따라서 쓸모없는 삶을 추구하게 되었다. 의사가 되겠다는 목표도 생과 사의 주인이 되겠다는, 말하자면 신과 비슷한 존재가 되겠다는 욕망에서 나왔지만, 이 목표는 사회적 봉사를 통해 실현된다.

2장
열등감 콤플렉스

의식과 무의식

　명확한 실체를 지칭하는 표현으로 "의식"과 "무의식"이라는 용어를 사용하는 것은 개인 심리학으로 치료하는 데 있어서는 옳지 못하다. 의식과 무의식은 같은 방향으로 움직이고 있으며, 흔히들 믿고 있는 것처럼 서로 모순되는 것이 아니다. 게다가, 의식과 무의식을 구분하는 명확한 선도 절대로 있을 수 없다. 다만 의식과 무의식이 공통적으로 움직이는 목적이 무엇인지를 찾아내는 것이 중요한 문제이다. 의식과 무의식의 전체적 연결이 파악되기 전까지는 무엇이 의식이고 무엇이 무의식인지를 결정하는 것은 불가능하다. 이 연결은 원형에서, 말하자면 앞 장에서 분석한 근본적인 생활양식에서 드러난다.

　어느 한 환자가 의식적인 삶과 무의식적인 삶 사이의 밀접한 연결을 아주 잘 보여줄 것이다. 결혼한 이 남자는 나이가 40세이며 창밖으로 뛰어내리고 싶은 욕망 때문에 힘들어 하고 있었다. 그는 언제나 이 욕망을 누르려고 애를 쓰고 있었다. 이것만을 제외한다면 그는 상당히 괜찮은 사람이었다. 그에겐 친구들도 있었고 사회적 지위도 어느 정도 되었다. 또 아내와도 행복하게 살았다.

이 환자는 의식과 무의식의 협동이라는 개념을 빌리지 않고는 설명이 불가능하다. 의식적으로 그는 창문에서 뛰어내려야 한다는 느낌을 받았다. 그럼에도 불구하고 그는 그때까지 살아 있었다. 사실은 그가 창에서 뛰어내리려는 시도조차 한 적이 없었다. 이렇게 되는 이유는 그의 삶에 또 다른 측면이 하나 더 있기 때문이다. 자살을 하고 싶어 하는 욕망에 맞서는 투쟁이 무의식적으로 벌어지고 있는 것이다. 그의 존재에 있는 이 무의식적인 측면과 의식이 서로 협동한 결과, 그는 승자가 될 수 있었다. 실제로 그의 생활양식을 보면, 그는 우월의 목표를 성취한 승리자였다. 이 생활양식에 대해서는 앞으로 별도로 논의하게 될 것이다. 그러면 독자 여러분은 자살까지 하려는 의식적 성향을 가진 이 남자가 어떻게 우월감을 느낄 수 있는가, 하고 물을 것이다. 이에 대한 대답은 그의 존재 안에 자살하려는 성향에 맞서 싸우는 무엇인가가 있다는 것이다. 그를 승자로, 또 우월한 존재로 만드는 것은 이 전투에서 그가 거두고 있는 바로 그 성공이다. 객관적으로 보면 우월을 획득하려는 그의 노력은, 이런저런 쪽으로 열등감을 느끼는 사람들에게서 흔히 확인되듯이, 그 자신의 허약에서 생겨난 것이었다. 그러나 중요한 것은 그 자신의 은밀한 투쟁에서 우월해지고자 하는 노력과 또 살며 정복하려 하는 노력이 열등감과 죽고 싶어 하는 욕망보다 앞섰다는 점이다. 죽고 싶어 하는 욕망이 그의 의식적 삶에서 표현되고 있고 살며 정복하려는 노력이 무의식적 삶에서 표현되고 있음에도 불구하고, 이런 식의 결과가 나타난 것이다.

여기서 이 사람의 원형의 발달이 우리의 이론을 뒷받침하는지 보도록 하자. 어릴 적 그의 기억들을 분석해보자. 어린 나이에 그가 학교에서 어려움을 겪었다는 사실을 우리는 알게 되었다. 그는 다른 소년들을 좋아하지 않아서 그들로부터 달아나고 싶어 했다. 그럼에도 불구하고 그는 온 힘을 다 모아서 그 자리에 남아 그들을 직면하려고 노력했다. 달리 말하면 그가 자신의 나약함을 극복하려고 노력했다고 할 수 있다. 그는 문제가 닥치면 직접적으로 맞닥뜨리며 극복했다.

이 환자의 성격을 분석하면, 그의 인생 목표 하나가 공포와 불안을 극복하는 것이라는 사실이 확인될 것이다. 이 목표를 추구하면서 그의 의식적인 생각이 무의식적인 생각과 협동하면서 하나의 통합체를 형성했다. 인간 존재를 하나의 통합체로 보지 않는 사람들은 이 환자가 우월하지 않으며 성공을 거두지 않았다고 믿을 것이다. 그런 사람들은 그가 단지 야심찬 사람일 뿐이라고, 말하자면 투쟁을 벌이고 싸우기를 원할 뿐 그 바닥을 보면 겁쟁이에 지나지 않는 사람이라고 생각할 것이다. 그러나 그런 견해는 틀렸다. 왜냐하면 이 환자에 관한 모든 사실들을 고려하지도 않았고 또 그 사실들을 한 인간의 삶의 통일성과 연결시켜 해석하지도 않았기 때문이다. 만일 인간 존재가 하나의 통합체라는 인식을 갖지 못한다면, 모든 심리학 학파가 개인들을 이해하기 위해 쏟는 노력은 물거품이 될 것이다. 두 가지 측면, 즉 의식과 무의식이 서로 아무런 관계를 갖지 않는다고 전제한다면, 생명을 하나의 완전한 실체로 보는 것이 불가능할 것이다.

사회적 관계

한 개인의 삶을 하나의 통합체로 보는 외에, 우리는 그 개인의 삶을 사회적 관계라는 맥락 속에서도 고려해야 한다. 한 예로 아이들은 처음 태어날 때 연약하기 때문에 다른 사람들의 도움을 반드시 필요로 한다. 한 아이의 생활양식을 이해하려면 그를 보살펴주고 그의 열등을 만회해준 사람들을 반드시 고려해야 한다. 아이는 어머니와 가족과 서로 복합적인 관계를 맺는데, 만일 우리의 분석이 아이의 육체적 존재에만 국한된다면 이 복잡한 관계를 이해하는 것이 불가능해진다. 아이의 개성은 육체적 개성을 초월하며, 사회적 관계들의 전반적 맥락과 연결되어 있다.

아이에게 적용되는 것은 어느 정도는 어른에게도 그대로 적용된다. 가족 안에서 지내는 아이의 삶의 특징인 나약함은 사람들이 집단을 이루며 사회 안에서 살도록 만드는 그 나약함과 비슷하다. 사람은 누구나 언젠가는 자신이 부적절하다고 느껴지는 상황에 처하게 된다. 사람들은 삶의 어려움에 압도당하는 느낌을 받기도 하며 혼자서는 그 어려움을 극복할 수 없다고도 생각한다. 따라서 인간의 내면에 무리를 짓는 성향이 가장 강력한 성향으로 자리 잡게 되었다. 한 사람의 고립된 개인으로서가 아니라 사회의 구성원으로 살기 위해서다. 이 사회생활은 틀림없이 개인이 무력감과 열등감을 극복하는 데 큰 도움이 되어 주었다.

동물들 사이에도 이런 현상이 확인된다. 약한 종들은 언제나 떼를 지어 산다. 개체들의 단합된 힘이 각 개체의 필요를 충족시켜 주기 때문이다. 그 예로 물소 떼는 늑대를 상대로 스스로를 보호할 수 있다. 물소 한 마리의 힘으로는 늑대를 이길 수 없지만 물소가 떼를 이루면 이야기는 달라진다. 물소들은 머리로 서로를 받치며 늑대들이 물러날 때까지 서로 힘을 모아 다리로 싸운다. 그런 한편 고릴라와 사자와 호랑이는 자연이 스스로를 보호할 수단을 주었기 때문에 홀로 살 수 있다. 한 사람의 인간 존재는 힘도 그다지 세지 못하고 발톱도 예리하지 않고 이빨도 날카롭지 않다. 그래서 혼자서는 살지 못한다. 따라서 우리는 사회생활의 시작이 개인의 허약함에서 비롯되었다는 것을 알 수 있다.

이 같은 사실을 근거로 사회 안의 인간 존재들의 능력과 기능이 다 똑같을 것이라고 기대해서는 안 된다. 그러나 제대로 조정된 사회라면 사회를 이루는 개인들이 능력을 최대한 개발할 수 있도록 받쳐주는 일을 태만히 해서는 안 된다. 이 견해가 결정적으로 중요하다. 왜냐하면 그렇게 보지 않을 경우에는 개인들이 전적으로 타고난 능력을 바탕으로 평가되어야 한다는 전제가 깔리기 때문이다. 사실 어느 개인이 고립된 조건에서 산다면 어떤 기능에 결점이 있을 수도 있지만 이 개인이 제대로 조직된 사회 안에서 산다면 그 부족을 다른 것으로 보완할 수 있을 것이다.

우리의 개인적 결점이 유전으로 물려받은 것이라고 가정해보자. 그러면 심리학의 목적은 사람들의 타고난 장애의 효과를 약화시키기 위해서 사람들이 다른 사람들과 잘 어울려 지내도록 훈련시키는 것이 된다. 사회발전의 역사는 인간들이 결함과 부족을 극복하기 위해 서로 어떻게 협동했는지에 대한 이야기를 들려주고 있다.

언어와 소통

언어가 사회적 발명이라는 사실은 모두가 다 잘 알고 있다. 그러나 개인의 부족한 점이 그 발명의 어머니였다는 사실을 깨닫는 사람은 거의 없다. 그러나 이 진리는 아이의 초기 행동에 아주 뚜렷하게 드러나고 있다. 아이들은 자신의 욕구가 채워지지 않으면 자기 나름으로 일종의 언어를 이용하여 주의를 끌려고 노력한다. 그러나 만일 어떤 아이가 주의를 끌 필요성을 느끼지 않는다면, 이 아이는 어떤 형태로든 말을 해보려 들지 않을 것이다. 세상에 태어나고 몇 개월 되지 않은 아이가 바로 이런 경우이다. 아이의 엄마는 아이가 원하는 것이 있으면 아이가 말로 그 뜻을 전하려 들기도 전에 모든 것을 먼저 알아서 제공한다. 6세까지 말을 하지 않는 아이에 관한 기록도 있다. 아이가 그때까지 말을 할 필요성을 전혀 느끼지 못해서 일어나는 현상이다. 귀가 들리지 않아 말을 하지 못하는 부모를 둔 아이의 경우에도 이와 똑같은 현상이 나타난다. 이런 아이의 경우에는 마루에 넘어져 다쳐 울 때에도 소리를 내지 않고 울었다. 이 아이는 자기 부모가 자신의 울음소리를 듣지 못할 것이기 때문에 소리를 내봐야 아무 소용이 없다는 사실을 잘 알고 있었다. 그러므로 아이는 자기 부모의 주의를 끌기 위해 우는 시늉은 해보였으나 소리를 내지는 않았다.

 이렇듯 우리는 연구하는 그 사실들이 전반적으로 어떤 사회적 맥락 속에서 일어나는지까지 반드시 살펴야 한다. 어떤 개인이 선택하는 특별한 "우월의 목표"를 이해하기 위해서는 그 사람이 처한 사회적 환경을 둘러보아야 한다. 또한 특별한 부적응을 이해하기 위해서도 사회적 상황까지 보아야 한다. 그 예로 언어로 다른 사람들과 정상적 접촉을 하는 것이 불가능하여 제대로 적응하지 못하는 사람들이 많다. 말을 더듬는 사람이 아주 좋은 예이다. 말더듬이를 깊이 조사하면, 그 사람이 삶을 시작한 이래로 사회적으로 제대로 적응한 적이 한 번도 없었다는 사실이 확인될 것이다. 그는 활동에 참여하기를 원하지도 않았고 친구나 동무를 원하지도 않았다. 언어 발달은 다른 사람들과의 교제를 필요로 하는데, 그는 그런 교제를 원하지도 않았다. 따라서 말을 더듬는 현상은 계속 이어졌다. 언어 장애를 가진 사람들을 보면 정말로 두 가지 충동이 보인다. 하나는 다른 사람들과 진정으로 교제를 해보고 싶어 하는 충동이고, 다른 하나는 스스로 고립을 추구하려는 충동이다.

사회적 접촉을 많이 하지 않는 어른들 사이에서, 사람들 앞에서 말을 하지 못하고 무대공포증을 느끼는 사람들이 많이 발견된다. 이는 그들이 청중을 적(敵)으로 보기 때문에 일어나는 현상이다. 그들은 얼핏 보기에 악의적이고 위압적인 청중 앞에서 열등감을 느낀다. 사람은 자신과 청중을 믿을 때에만 말을 잘하게 될 것이고 따라서 무대공포증을 느끼지 않을 것이다.

사회적 훈련

따라서 열등감과 사회적 훈련의 문제는 서로 밀접히 연결되어 있다. 열등감이 사회적 부적응에서 비롯되는 한편, 사회적 훈련은 이 열등감을 극복할 수 있는 기본적인 방법이다.

사회적 훈련과 상식 사이에는 직접적인 연결이 있다. 우리는 사람들이 상식을 바탕으로 어려움들을 해결한다고 말한다. 이는 사회적 집단의 공통 지성을 염두에 두고 하는 말이다. 그런 한편으로, 앞 장에서 지적했듯이, 지극히 사적인 언어와 사적인 논리를 바탕으로 행동하는 사람들은 비정상적인 면을 드러낸다. 광인과 신경증 환자와 범죄자들이 이런 부류에 속한다. 우리는 그들이 탐탁찮게 여기는 것들이 있다는 사실을 잘 알고 있다. 사람과 제도, 사회적 규범은 이런 사람들에게 전혀 호소력을 발휘하지 못한다. 그럼에도 그들을 구원할 길은 반드시 그것들을 통과하게 되어 있다.

이런 사람들을 치료하려고 노력할 때, 우리의 임무는 그들이 공동체의 삶에 관심을 갖도록 만드는 것이다. 신경증을 앓는 사람들은 자신이 선의를 표현할 줄만 알면 언제든 정상으로 돌아간다고 생각한다. 그러나 선의의 표현 그 이상이 필요하다. 우리는 그들에게 사회에서 중요한 것은 그들이 실제로 성취하고 베푸는 것이라는 점을 가르쳐줘야 한다.

열등감과 우월을 추구하려는 노력이 보편적인 것이긴 하지만, 그렇다고 이 같은 사실을 모든 사람들이 똑같다는 것을 암시하는 것으로 받아들여서는 곤란하다. 열등과 우월은 인간의 행동을 좌우하는 일반적인 조건이긴 하지만, 이런 조건들 외에 육체적 힘과 건강, 환경에도 차이가 있다. 바로 이런 차이 때문에 똑같은 조건에서도 개인들이 서로 다른 실수를 저지르게 된다. 아이들을 면밀히 조사해 보면, 아이들의 반응으로 적절한 단 한 가지 방법 같은 것은 절대로 존재할 수 없다는 사실을 확인하게 될 것이다. 아이들은 저마다 다 다른 방식으로 반응한다. 그들은 보다 나은 생활양식을 추구하려고 노력하지만 노력의 방법은 저마다 다 다르다. 그러면서 나름으로 실수를 저지름과 동시에 성공에 가까이 다가가는 방법을 터득한다.

한계의 극복

개인들에게 나타날 수 있는 색다른 특징 일부를 분석해보도록 하자. 왼손잡이 아이를 예로 들어보자. 자신이 왼손잡이라는 사실조차 모르는 아이도 있다. 오른손을 쓰도록 매우 조심스럽게 훈련을 받은 까닭에 나타나는 현상이다. 왼손잡이 아이들은 처음에는 오른손을 쓰는 데 서투르고 불완전했다. 그러다 그런 사실 때문에 꾸지람과 비난의 소리를 많이 듣고 놀림을 당한다. 왼손잡이를 비웃는 것은 잘못이다. 그러나 양손 모두 훈련되어야 한다. 왼손잡이 아이는 요람에 누워 지낼 때부터 어른들의 눈에 띄게 된다. 아무래도 왼손이 오른손보다 더 활발히 움직이기 때문이다. 훗날 이 아이는 오른손의 불완전함 때문에 부담을 느낄 수 있다. 다른 한편으로 보면, 그는 종종 오른손과 오른팔에 더 많은 관심을 기울이며 이 관심은 예를 들어 그림을 그리거나 글을 쓸 때 분명히 나타난다. 훗날 이런 아이가 정상적인 아이보다 훈련이 더 잘 되어 있다는 사실이 확인되어도 놀라워할 일이 전혀 아니다. 왼손잡이 아이는 오른손을 훈련시키려고 노력하다 보면 잠자리에서 일찍 일어나야 하는 수도 있다. 말하자면 그의 불완전이 그로 하여금 스스로 더 세심하게 훈련하도록 만든 것이다. 왼손잡이는 종종 예술적 재능과 능력을 개발하는 데 있어서 큰 이점을 누린다. 남과 달리 왼손을 쓴다는 이유로 꾸지람을 듣는 아이는 언제나 야망을 품으며 자신의 한계를 극복하려고 싸운다. 그러나 간혹 이 싸움이 지나치다 보면, 아이는 다른 사람을 시기하거나 질투를 하게 되고 따라서 깊은 열등감을 일으킬 수 있다. 이런 경우의 열등감은 다른 보통의 열등감보다 극복하기가 훨씬 더 어렵다. 끊임없는 노력을 통해서 아이는 호전적인 청년이나 호전적인 어른이 되어 자신이 서툴거나 결점을 보여서는 안 된다는 생각을 가슴에 품은 채 언제나 투쟁을 벌이게 될 것이다. 이런 사람은 다른 사람들보다 고민을 더 많이 하게 된다.

 아이들은 4세나 5세에 형성된 원형에 따라서 노력하고 실수하며, 다양한 방법으로 발달한다. 각자의 목표는 다 다르다. 어떤 아이는 화가가 되기를 원하고, 다른 아이는 자신에게 맞지 않는 것 같은 이 세상에서 벗어나기를 원할 수도 있다. 우리는 이런 아이가 결점을 극복할 수 있는 방법을 잘 알지만, 아이는 그것을 잘 모른다. 결점을 극복하는 데 필요한 사실들을 아이에게 제대로 설명하지 않는 예가 너무 자주 있다.

눈이나 귀, 폐나 위장에 장애가 있는 아이가 많다. 이런 아이들의 경우 장애가 있는 쪽으로 자극을 받는다는 사실이 드러난다. 호기심을 자극하는 예가 하나 있다. 사무실에서 일을 마치고 밤에 집으로 돌아오기만 하면 천식의 공격이 시작되는 어떤 남자 환자이다. 그는 45세이며, 결혼도 했고, 사회적 지위도 꽤 괜찮다. 그런 그에게 퇴근 후에만 천식이 일어나는 이유를 물었더니, 그는 이렇게 설명했다. "나의 아내는 대단한 물질주의자이고 나는 이상주의자입니다. 그래서 우리 둘은 불화를 겪고 있어요. 나는 퇴근해서 집으로 돌아오면 집에서 편안하게 조용히 지내면서 나 자신을 즐기고 싶어요. 그러나 나의 아내는 사교 모임에 나가길 원해요. 그러다 보니 아내는 집에 있는 것에 대해 불평을 합니다. 그런 경우에 기분이 나빠지기만 하면, 숨이 막히기 시작해요."

왜 이 사람은 구토를 하지 않고 굳이 숨이 막혀 힘들어 할까? 사실 그는 자신의 원형에 충실하고 있었다. 어릴 적에 그는 허약하여 다친 탓에 붕대를 감아야 했으며, 이 붕대가 그의 호흡에 영향을 미쳤고 그를 매우 불편하게 만들었다. 그러나 그에겐 여자 하인이 한 사람 있었다. 그를 좋아하여 늘 그의 옆에 앉아서 위로를 해주던 하인이었다. 그녀의 관심은 온통 그녀 자신이 아니라 그에게로 쏟아졌다. 그 결과 그녀는 그에게 자신은 언제나 즐거워하고 위안을 받게 될 것이라는 인상을 강하게 심어주게 되었다. 그가 4세가 되었을 때, 유모는 결혼을 하여 먼 곳으로 떠났으며 그날 그도 매우 비통하게 울면서 역까지 그녀를 배웅했다. 유모가 떠난 뒤, 그는 어머니에게 이렇게 말했다. "유모가 가버리고 나니 세상에 재미있는 게 하나도 없어."

따라서 우리는 성인인 그가 원형이 형성되던 그 시기와 마찬가지로 언제나 그를 즐겁게 해주고 위로해주며 그에게만 관심을 쏟을 이상적인 사람을 찾고 있다는 것을 확인한다. 천식의 원인은 지나치게 희박한 공기가 아니었고 그가 언제나 즐거워하거나 위로를 받지 못하고 있다는 사실에 있었다. 당연히, 언제나 당신을 즐겁게 해줄 사람을 찾는 것은 쉬운 일이 아니다. 그는 언제나 전체 상황을 지배하기를 원했으며, 그렇게 할 수 있었을 때에는 바로 그 사실이 그의 호흡에 도움이 되었다. 이렇게 되자 그가 호흡 곤란을 느끼기만 하면, 아내는 극장이나 사교모임에 가는 것을 포기했다. 이리하여 그는 "우월의 목표"를 성취할 수 있었다.

의식적으로는 이 남자는 언제나 올바르고 적절했다. 그러나 마음속에는 정복자가 되려는 욕망이 숨어 있었다. 그는 자기 아내를 물질주의자가 아닌 이상주의자로 만들기를 원했다. 우리는 진정한 동기가 겉으로 드러난 동기와 다른 이런 사람의 행동을 의심해야 한다.

이와 비슷하게, 시력에 문제가 있는 아이들이 시각적인 것에 특별히 더 많은 관심을 보이는 예를 우리는 종종 본다. 이 아이들은 다음과 같은 방법으로 탁월한 능력을 개발한다. 위대한 시인 구스타프 프라이탁(Gustav Freitag)은 난시가 심한 역경 속에서도 많은 것을 성취해냈다. 시인과 화가 중에 시력에 문제가 있는 사람들이 더러 있었다. 그러나 이 문제 자체가 그 사람으로 하여금 관심을 더 많이 갖도록 하는 경우가 종종 있다. 프라이탁은 자신에 대해 이렇게 말했다. "나의 눈이 다른 사람들의 눈과 달랐기 때문에, 나는 어쩔 수 없이 공상을 이용하고 훈련시킬 수밖에 없었던 것 같다. 나는 이 같은 결점이 훌륭한 작가가 되도록 도왔다고 생각하지 않는다. 그러나 어쨌든 시력이 나빴던 결과 나는 다른 사람들이 현실에서 보는 것보다 공상에서 더 잘 볼 수 있었다."

천재들을 면밀히 검사하다 보면, 시력이 나쁘거나 다른 결함을 가진 사람들이 종종 발견될 것이다. 역사 속에는 신들조차도 한 쪽 눈이 보이지 않거나 두 쪽 눈이 다 보이지 않는 결함을 갖고 있다. 거의 맹인에 가까우면서도 선과 음영과 색깔의 차이를 다른 사람들보다 더 잘 이해하는 천재들이 있다. 이 같은 사실은 고통을 받는 아이들의 경우에도 그 문제를 적절히 이해하기만 한다면 해결할 수 있다는 점을 보여주고 있다.

다른 사람들보다 먹거리에 대해 특별히 관심을 더 많이 기울이는 사람들이 있다. 이 때문에 그들은 언제나 먹을 수 있는 것과 먹을 수 없는 것에 대해 이야기하고 있다. 대체로 이런 사람들은 삶의 초반에 먹는 일에 어려움을 겪은 탓에 다른 사람들보다 먹거리에 대한 관심을 더 많이 갖게 된 사람들이다. 그들은 아마 자라면서 어머니로부터 먹을 수 있는 것과 먹을 수 없는 것에 관한 이야기를 끊임없이 들었을 것이다. 그들은 위(胃)의 결함을 극복하기 위해 훈련을 해야 했고, 자연히 아침이나 점심, 저녁으로 먹을 음식에 대해 대단한 관심을 갖게 되었다. 먹는 일에 대하여 끊임없이 생각한 결과, 그들은 간혹 요리의 기술을 개발하고 식이요법 문제의 전문가가 된다.

그러나 간혹 위나 장의 장애 때문에 먹거리의 대체물로 다른 것을 추구하는 사람도 있다. 이 대체물이 돈이 될 때가 가끔 있다. 그러면 그런 사람들은 인색하거나 훌륭한 금융가가 된다. 그들은 종종 돈을 모으려고 열심히 노력하면서 밤낮으로 이 목적을 위해 스스로를 훈련시킨다. 그들은 사업에 대한 생각을 놓는 일이 절대로 없다. 이는 비슷한 인생행로를 걷는 다른 사람들에 비해 그들에게 훌륭한 장점이 될 수 있다. 그리고 돈이 많은 부자가 위장 장애로 고통을 받는다는 소리를 종종 듣는 것은 흥미로운 일이 아닐 수 없다.

육체와 정신

이 대목에서 육체와 정신의 연결에 대해 생각해보자. 어떤 장애가 언제나 똑같은 효과를 낳지는 않는다. 그렇듯 육체적 장애와 나쁜 생활양식 사이에 인과관계가 반드시 있는 것은 아니다. 육체적 장애가 있는 경우에 우리는 영양소를 제대로 공급하여 육체적 장애를 부분적으로 해소시킨다. 나쁜 효과를 낳는 것은 절대로 육체적 장애가 아니다. 나쁜 효과를 낳는 것은 장애를 가진 사람의 태도이다. 개인 심리학자들이 단순한 육체적 장애의 존재를 인정하지 않고 육체적 장애에 대한 잘못된 태도만을 인정하는 이유도 바로 거기에 있다. 개인 심리학자들이 환자들에게 자신의 원형이 발달하던 동안에 형성된 열등감을 극복하라며 응원하는 이유 또한 거기에 있다.

간혹 어떤 사람이 어려움을 극복할 때까지 느긋하게 기다리지 못하고 안달을 부리는 것이 보인다. 끊임없이 움직이거나 고집을 부리거나 안달하는 사람들을 보면, 언제나 그들이 열등감에 빠진 사람들이라고 결론을 내려도 좋다. 자신이 어려움을 잘 극복할 수 있다는 것을 아는 사람은 조급해 하지 않을 것이다. 그런 한편 조급해 하는 사람은 필요한 것을 언제나 성취해내지는 못할 것이다. 건방지고, 뻔뻔하고, 호전적인 아이들도 열등감을 갖고 있을 것이다. 그런 환자들을 대할 경우에 그들이 어려움을 겪는 이유를 찾아내는 것이 심리학자의 임무이다. 원형의 생활양식에 나타난 실수를 비판하거나 처벌해서는 안 된다.

　우리는 아이들을 대상으로 매우 특이한 방법으로, 이를테면 아이들의 비범한 관심과 다른 사람들을 추월하려는 계획과 노력, 우월의 목표를 이루기 위한 노력 등을 살피는 방법으로 원형의 특징들을 찾아낼 수 있다. 동작과 표현에서 자기 자신을 믿지 않는 유형이 있다. 이런 아이는 다른 사람들을 가능한 한 배제하는 쪽을 선호한다. 또 새로운 상황을 맞닥뜨릴 곳에 가길 싫어하고 자신이 안전감을 느낄 작은 집단 안에 머물기를 좋아한다. 학교에서, 삶에서, 사회에서, 결혼에서 그는 똑같이 그렇게 한다. 그는 언제나 우월의 목표를 이루기 위해 자신의 좁은 곳에서 많은 것을 성취해내기를 바라고 있다. 우리는 많은 사람들에게서 이런 특징을 발견한다. 그들은 결과를 성취하기 위해선 누구나 모든 상황에 맞닥뜨릴 준비가 되어 있어야 한다는 진리를 망각하고 있다. 누구나 모든 것을 직면해야 한다. 만일 어떤 사람이 특별한 상황이나 특별한 사람들을 배제한다면, 그는 자신을 정당화하기 위해 지극히 개인적인 논리만을 이용할 것이다. 그래선 절대로 안 된다. 사람에겐 온갖 사회적 접촉과 상식이 필요하다.

　만일 어떤 철학자가 자신의 연구를 마무리하길 원한다면, 그는 다른 사람들과 함께 점심이나 저녁을 먹으러 가지 못할 것이다. 자신의 생각을 한 곳으로 모으고 옳은 방법을 동원하기 위해선 오랜 시간 혼자 있을 필요가 있기 때문이다. 그러나 연구를 끝낸 뒤에는 그도 사회와의 접촉을 통해 성숙해야 한다. 이 접촉은 그의 발달에 중요한 부분이다. 그렇기 때문에 그런 사람을 만날 때, 우리는 그의 2가지 필요조건을 기억해야 한다. 또한 우리는 그가 사회적으로 만나도 되는지 아니면 만나서는 곤란한 처지인지를 기억해야 한다. 따라서 우리는 유익한 행동과 쓸모없는 행동의 차이를 반드시 알아야 한다.

열등감

전반적인 사회적 과정을 파악하는 열쇠는 사람들이 자신이 우월할 수 있는 상황을 찾으려고 노력한다는 사실에서 발견될 것이다. 따라서 열등감이 심한 아이들은 자기보다 강한 아이들을 배제하고 자신이 통제하고 지배할 수 있는 약한 아이들하고만 놀려고 한다. 이 아이의 경우 열등감을 병적으로 표현하고 있다. 여기서는 열등감 자체가 아니라 열등감의 성격과 정도가 중요하다는 사실을 깨닫는 것이 반드시 필요하다.

비정상적인 열등감은 "열등감 콤플렉스"라는 이름을 얻었다. 그러나 콤플렉스라는 표현은 그 사람의 전체 성격에 스며드는 이 열등감에 적합한 단어가 아니다. 그것은 콤플렉스 이상이며, 상황에 따라 그 폐해가 달라지는 질병에 가깝다. 따라서 우리는 어떤 사람이 일을 하고 있을 때에는 그 사람이 자신의 일에 자신감을 보일 것이기 때문에 간혹 그런 사람에게서 열등감을 보지 못하기도 한다. 그러나 일에 자신감을 보이던 이 사람도 사교 모임에 나가거나 이성과의 관계에서는 자신감을 잃게 된다. 그러면 우리는 그의 진짜 심리적 상황을 발견하게 된다.

긴장된 상황이나 어려운 상황에서 실수들이 눈에 훨씬 더 쉽게 드러난다. 원형이 본래의 모습을 드러내는 것은 이런 어려움이나 새로운 상황에서이며, 사실 어려운 상황은 거의 언제나 새로운 상황이다. 첫 장에서 말했듯이, 사회적 관심의 정도가 새로운 사회적 상황에서 잘 나타나는 이유도 거기에 있다.

아이가 학교에 입학하면, 우리는 거기서 아이의 사회적 관심을 관찰할 것이다. 이 관심을 바탕으로 아이가 훗날 사회생활을 하게 될 때 어떤 모습을 보일 것인지를 짐작해볼 수도 있다. 아이가 친구들과 무난히 섞이는지 아니면 친구들을 피하는지를 볼 수 있을 것이다. 만일 거기서 지나치게 설쳐대거나 야비하게 굴거나 영악하게 행동하는 아이들을 본다면, 우리는 그 이유를 찾기 위해서 그들의 마음속을 들여다보아야 한다. 그리고 만일 앞으로 나아가야 할 때 쭈뼛거리는 아이가 보인다면, 우리는 그 아이가 훗날 사회와 인생과 결혼에서 그와 똑같은 특징을 보이지 않도록 하기 위해 신경을 써야 한다.

우리는 "난 이걸 이런 식으로 하겠어."라거나 "난 저 일을 하겠어."라거나 "저 사람하고 싸워야겠어. … 하지만!"이라고 말하는 사람들을 쉽게 만난다. 이런 식의 발언은 심각한 열등감의 신호이다. 실제로 이런 말들을 열등감의 신호로 해석하면 우리는 그 아이에게서 의심 같은 감정을 읽어낼 수 있다. 의심을 일삼는 사람은 언제나 의심을 하며 아무것도 성취하지 못한다는 사실을 우리는 잘 알고 있다. 그러나 어떤 사람이 "나는 하지 않겠어."라고 말할 때, 그 사람은 아마 말대로 행동할 것이다.

심리학자는 사람들을 깊이 들여다보면서 그들에게서 모순을 종종 발견한다. 그 모순은 열등감의 신호로 여겨질 수도 있다. 그러나 우리는 또한 문제가 되고 있는 사람의 동작도 관찰해야 한다. 예를 들면, 그 사람이 다른 사람에게 접근하는 방식과 사람을 만나는 방식이 서투를 수 있다. 우리는 그가 주저하는 걸음과 몸짓으로 사람들에게 다가서는지를 관찰해야 한다. 이 망설임이 종종 삶의 다른 상황에서도 표현될 것이다. 세상에는 한 걸음 앞으로 내디뎠다가 다시 한 걸음 뒷걸음질 치는 사람이 아주 많다. 이것 역시 대단한 열등감의 표현이다.

우리의 전반적인 임무는 그런 사람들이 망설이는 태도를 버리도록 훈련을 시키는 것이다. 그런 사람을 위한 적절한 치료는 그들을 격려하는 것이다. 그들을 낙담시켜서는 절대로 안 된다. 우리는 그들에게 스스로 어려움을 직면하고 삶의 문제를 해결할 능력을 갖추고 있다는 점을 이해시켜야 한다. 이것이 자신감을 키우는 유일한 길이자 열등감을 치료하는 유일한 방법이다.

3장
우월감 콤플렉스

우월의 목표

앞 장에서 열등감 콤플렉스, 그리고 이 콤플렉스와 우리 모두가 공유하면서 극복하려고 노력하고 있는 일반적인 열등감의 관계에 대해 논했다. 이제 그 반대의 주제, 즉 우월감 콤플렉스를 살펴봐야 한다.

어느 한 개인의 삶의 모든 특징들이 어떻게 하여 시간이 지나도 일관성을 쭉 보이게 되는지를 우리는 알게 되었다. 따라서 삶의 특징은 과거와 미래를 갖고 있다고 말할 수 있을 것이다. 지금 미래는 우리의 노력과 우리의 목표와 밀접히 연결되어 있다. 반면 과거는 우리가 극복하고자 노력하고 있는 열등이나 부적응의 상태가 어떤 것인지를 보여주고 있다. 열등감 콤플렉스에서 콤플렉스의 시작에 관심을 두었다면, 우월감 콤플렉스에서는 그

연속성, 그러니까 콤플렉스의 진행 그 자체에 관심을 둘 것이다. 두 콤플렉스는 당연히 서로 연결되어 있다. 그렇기 때문에 우리가 열등감 콤플렉스를 확인한 환자들에게서 우월감 콤플렉스가 다수 숨어 있다는 사실을 발견해도 놀라지 말아야 한다. 반대로 우월감 콤플렉스와 그 연속성을 조사한다면, 우리는 언제나 숨어 있는 약간의 열등감 콤플렉스를 발견할 수 있다.

물론 열등감과 우월감에 붙은 콤플렉스라는 단어가 단순히 열등과 우월을 위한 노력을 과도하게 펴는 상태를 일컫는다는 점을 명심해야 한다. 이런 식으로 본다면, 똑같은 개인에게서 열등감 콤플렉스와 우월감 콤플렉스라는 서로 대조적인 성향이 동시에 존재하는 모순적인 상황이 더 이상 역설적으로 보이지 않을 것이다. 왜냐하면 우월을 추구하려는 노력과 열등감이 정상적인 감각으로서 서로 보완적이라는 사실이 자연히 명백해지기 때문이다. 만일 현재의 조건에 어떤 부족을 느끼지 않는다면, 우리는 우월해지려고 노력하거나 성공하려고 노력하지 않을 것이다. 소위 말하는 콤플렉스들이 자연스런 감정들에서 비롯되는 한, 그 감정들에 모순이 없듯이 콤플렉스들에도 전혀 모순이 없다.

우월을 향한 노력은 절대로 멈추지 않는다. 사실 그런 노력이 개인의 마음과 정신을 이루고 있다. 이미 말한 것처럼, 인생은 어떤 목표 혹은 이상적인 형태를 성취하는 것이다. 또 인생은 목표의 성취를 가능하게 할 우월을 추구하는 것이다. 인생은 강과, 말하자면 흘러가면서 걸리는 모든 것들을 다 휩쓸어가 버리는 강과 비슷하다. 만일 게으른 아이들이 활동을 충분히 하지 않고 매사에 관심이 부족한 것처럼 보인다면, 우리는 그 아이들이 어느 방향으로도 움직이지 않고 있는 것처럼 보인다고 말할 것이다. 그럼에도 불구하고 우리는 그들의 내면에서 우월하고 싶은 욕망을, 그들로 하여금 "게으르지만 않다면 나도 대통령이 될 수 있을 텐데."라고 말하게 만드는 그런 욕망을 발견한다. 이를테면 그 아이들은 조건부로 움직이며 노력하고 있다. 그들은 자기 자신에 대해 대단히 높게 평가하고 있으며 "만일 … 한다면" 삶의 유익한 쪽으로 많은 것을 성취할 수 있을 것이라는 관점을 갖고 있다. 당연히 이것은 거짓말이다. 이것은 허구이다. 그러나 우리도 잘 알듯이, 인간이 허구로 만족하는 경우가 매우 자주 있다. 용기가 부족한 사람들에게 특히 더 맞는 말이다. 그들은 허구로도 꽤 만족한다. 그들은 매우 치열하게 느끼지 않기 때문에 어려운 일이 나타나면 언제나 우회한다. 그들은 곤경을 피하길 원한다. 이 도피를 통해서, 이 전투의 회피를 통해서 그들은 자신이 실제보다 훨씬 더 강하고 현명한 존재라는 느낌을 받는다.

문제해결의 회피

물건을 훔치기 시작하는 아이들 중에 우월감으로 고통 받는 아이들이 있다. 그런 아이들은 자신이 다른 사람들을 속이고 있다고 생각하고 또 다른 사람들이 자신이 훔치고 있다는 사실을 모를 것이라고 믿는다. 따라서 그들은 거의 노력을 하지 않고도 더 부자가 된다. 이와 똑같은 감정이 스스로를 뛰어난 영웅으로 생각하는 범죄자들 사이에도 매우 자주 발견된다.

우리는 이미 이 특징에 대해서 다른 관점에서 개인적인 논리의 표현으로 보았다. 이런 논리는 상식 혹은 사회적 감각이 아니다. 만일 어떤 살인자가 스스로를 영웅으로 생각한다면, 그것은 그만의 지극히 개인적인 생각이다. 그는 용기가 부족하다. 왜냐하면 삶의 문제의 해결을 회피하는 쪽으로 일들을 처리하길 원하기 때문이다. 따라서 범죄성은 우월감 콤플렉스의 산물이지 근본적인 악덕의 표현이 아니다.

신경증을 앓는 사람에게도 이와 비슷한 징후가 나타난다. 예를 들어, 신경증 환자는 불면증으로 고통을 받으며 그러다 보니 이튿날 직장이 요구하는 일을 다 해낼 만큼 체력이 강하지 못하다. 이들은 불면증 때문에 자신이 성취할 수 있는 능력을 최대한 발휘할 수 없다고 느낀다. 그러면서 "잠만 충분히 잘 수 있다면 못할 것이 없을 건데!"라고 후회한다.

불안으로 고통을 받으며 우울증에 빠진 사람들 사이에서도 이런 현상이 보인다. 그들의 불안이 그들을 다른 사람들 위에 폭군처럼 군림하도록 만든다. 실제로 그들은 다른 사람들을 지배하기 위해 자신의 불안을 이용한다. 왜냐하면 그들이 늘 곁에 사람을 두고 있어야 하고 가는 곳마다 누군가를 동행해야 하기 때문이다. 우울증을 겪는 사람을 동행하는 사람은 우울증 환자의 요구에 따라 삶을 살아야 한다.

 우울한 사람과 광인은 언제나 가족 안에서 관심의 초점이 된다. 그들의 내면에서 우리는 열등감 콤플렉스가 휘두르는 힘을 본다. 그들은 자신이 허약하다거나 체중이 떨어지고 있다는 식의 불만을 터뜨리고 있지만 그럼에도 불구하고 가족들 중에서 가장 강력하다. 그들은 건강한 사람들을 지배한다. 이런 사실에 놀라서는 안 된다. 왜냐하면 서구 문화권에서는 허약이 거꾸로 상당히 강력하고 막강한 무기가 될 수 있기 때문이다. (실제로 우리 문화에서 가장 강력한 존재가 누구인지를 묻는다면, 논리적인 대답은 아기가 될 것이다. 아기는 지배만 할 뿐 결코 지배를 당하지 않는다.)

우월감 콤플렉스와 열등감 콤플렉스

 우월감 콤플렉스와 열등감 사이의 연결을 보도록 하자. 예를 들어보자. 우월감 콤플렉스를 가진 문제아가 있다. 버릇없고, 건방지고, 싸움하길 좋아하는 아이이다. 이 아이는 언제나 자신이 실제보다 더 크게 보이길 원한다. 생떼를 자주 쓰는 아이들은 다른 사람들을 지배하길 원하여 갑작스레 엉뚱한 것을 요구하며 고집을 부리기도 한다. 이 아이들이 그처럼 참을성이 없는 이유는 무엇일까? 그들이 자신의 목표를 성취할 만큼 충분히 강하다는 확신을 갖지 못하고 있기 때문이다. 그들은 자신이 열등하다고 느낀다. 곧잘 싸움을 거는 공격적인 아이들에게서는 언제나 열등감 콤플렉스와 이 콤플렉스를 극복하려는 욕망이 발견될 것이다. 이는 마치 아이들이 키가 더 크게 보이게 함으로써 성공과 긍지와 우월을 쉽게 얻으려고 까치발을 하려고 노력하는 것이나 마찬가지이다.

우리는 이런 아이들을 치료할 방법을 찾아내야 한다. 그들이 이런 식으로 행동하는 이유는 삶의 일관성을 이해하지 못하고 있기 때문이다. 그들은 일들의 자연스런 질서를 이해하지 못한다. 그렇다고 그들을 나무라고 나서서는 안 된다. 왜냐하면 우리가 아이들에게 이 문제를 직시하라고 강요할 경우에 그들이 자기는 열등감을 느끼는 것이 아니라 우월감을 느끼고 있다고 고집을 부릴 것이기 때문이다. 그러므로 아이들에게 다정한 태도로 차분하게 우리의 상식적인 견해를 전하면서 그들이 그것을 점차적으로 이해하도록 이끌어야 한다.

만일 어떤 사람이 무엇인가를 과시한다면, 그것은 단지 그가 열등감을 느끼기 때문이다. 말하자면 그가 인생의 유익한 면에서 다른 사람들과 경쟁할 수 있을 만큼 충분히 강하다고 느끼지 못하기 때문이다. 그가 인생의 쓸모없는 면에 남아 있는 이유도 그 때문이다. 그는 사회와 조화를 이루지 못한다. 그는 사회적으로 적응이 제대로 되어 있지 않다. 그는 삶의 사회적 문제들을 해결하는 방법을 잘 모르고 있다. 대체로 보면 그 사람의 어린 시절에 그와 부모와 선생들 사이에 갈등이 있었던 것으로 확인된다.

신경증에서도 열등감 콤플렉스와 우월감 콤플렉스의 결합이 발견된다. 신경증 환자는 우월감을 자주 표현하면서도 자신의 열등감 콤플렉스는 보지 못한다. 어떤 강박신경증 환자의 사례가 이 점을 매우 소상하게 보여주고 있다. 이 소녀는 매우 매력적이고 자존심 강한 언니와 아주 친하게 지내고 있었다. 언니에 관한 사실이 처음부터 중요하다. 왜냐하면 가족 중 한 사람이 다른 사람들보다 월등히 두드러지면, 다른 사람이 고통을 받게 될 것이기 때문이다. 월등한 개인이 아버지든 자식이든 아니면 어머니이든, 언제나 이런 현상이 나타난다. 따라서 가족의 다른 구성원에게는 매우 어려운 상황이 벌어진다. 나머지 가족들이 그 상황을 참아줄 수 없다고 느낄 때도 간혹 있다.

여기서 우리는 다른 자식들을 보면서 그들 모두가 현재 열등감 콤플렉스를 갖고 있으며 또 우월감 콤플렉스를 갖는 쪽으로 나아가고 있다는 사실을 확인할 것이다. 그들이 자기 자신뿐만 아니라 다른 사람들에게도 관심을 갖는 한, 그들은 삶의 문제들을 만족스럽게 해결할 것이다. 그러나 만일 그들의 열등감 콤플렉스가 아주 뚜렷하게 나타난다면, 그들은 마치 자신들이 적국에서 살고 있는 것 같은 느낌을 받게 될 것이다. 그러면 언제나 다른 사람의 이익보다 자신의 이익을 먼저 챙길 것이고, 따라서 적절한 수준의 공동체 의식을 갖지 못하게 될 것이다. 그들은 삶의 사회적 문제에 접근할 때 문제해결에 전혀 도움이 되지 않을 감정을 품고 있다. 그러다 보니 그들은 위안을 얻기 위해 인생의 쓸모없는 쪽으로 넘어가버린다. 이것이 진정한 위안이 되지 못한다는 점을 우리는 알고 있다. 그러나 이것은 문제의 해결에 따르는 그런 위안은 아니지만 다른 사람의 지지를 받기 때문에 마치 위안처럼 보인다. 그들은 마치 자신이 나약하여 다른 사람들의 도움을 받으며 살아가면서도 비현실적으로 안락을 느끼고 있는 걸인과 비슷하다.

아이든 성인이든 어떤 개인이 약하다고 느낄 때, 그 사람이 사회적 관심을 끊고 우월을 추구하는 것은 인간 본성의 한 특징인 것처럼 보인다. 그들은 사회적 관심을 전혀 쏟지 않는 가운데 오로지 자신의 개인적 우월을 성취함으로써 인생의 문제들을 해결하길 원한다. 어떤 사람이 우월을 추구하면서 동시에 사회적 관심을 통해서 그 추구의 열기를 어느 정도 누그러뜨릴 수 있는 한, 그는 삶의 유익한 면에 서 있으며 선(善)을 성취할 수 있다. 그러나 만일 사회적 관심이 부족하다면, 그는 삶의 문제들을 해결할 준비가 제대로 되어 있지 않다. 앞에서 이미 말한 것처럼, 이 범주에 문제아와 광인, 범죄자, 자살을 시도하는 사람들이 포함되어야 한다.

이제 방금 논한 소녀는 언니가 누리던 주위 사람들의 호의를 느끼지 못하는 가운데 성장하며 자신이 제약을 받고 있다는 느낌을 받았다. 만일 그녀가 사회적으로 관심이 있었고 또 우리가 이해하는 바를 잘 이해했다면, 그녀는 다른 방향으로 발달을 꾀할 수 있었을 것이다. 그녀는 음악가가 되기 위한 공부를 시작했으나 언니가 특별히 선호된다는 생각으로 야기된 열등감 콤플렉스 때문에 언제나 긴장감을 느꼈다. 그러다 보니 그녀는 음악 공부에서도 방해를 받았다. 그녀가 스무 살일 때, 그녀의 언니가 결혼을 했다. 그러자 그녀도 언니와 경쟁하기 위해 결혼을 생각하기 시작했다. 이런 식으로 그녀는 언니와의 경쟁에 더욱 깊이 빠져들면서 삶의 건강하고 유익한 면으로부터 점점 더 멀어지고 있었다. 그녀는 자신이 나쁜 소녀이고 사람을 지옥으로 보낼 수 있는 마법의 힘까지 지녔다는 생각을 품기에 이르렀다.

우리는 이 마법의 힘을 우월감 콤플렉스의 표현으로 보는데도, 그녀는 이런 '재능'을 갖고 있다는 점에 대해 불평했다. 마치 부자가 부자의 운명을 타고난 것이 얼마나 괴로운 일인지 모른다고 한탄하는 것과 똑같았다. 그녀는 자신이 사람을 지옥으로 보내는 신과 같은 권력을 쥐고 있다고 느꼈을 뿐만 아니라 간혹 이 사람들을 구해야 한다는 느낌을 받기도 했다. 물론 이런 주장들 모두는 터무니없다. 그러나 이런 허구를 통해서 그녀는 자신이 총애를 받는 언니보다 더 강한 힘을 갖고 있다는 확신을 가졌다. 이런 우스꽝스러운 상상을 통해서만 그녀는 언니를 극복할 수 있었다. 그래서 그녀는 자신이 이런 능력을 가진 것에 대해 계속 불평했다. 왜냐하면 그녀가 그 능력에 대해 불평할수록, 그녀가 그것을 실제로 소유한 것처럼 느껴졌기 때문이다. 만일 그녀가 이 능력에 대해 희희낙락했다면, 능력에 대한 주장이 의문스러워질 것이다. 불평을 통해서만 그녀는 자신의 운명에 행복을 느낄 수 있었다. 여기서 우리는 우월감 콤플렉스가 어떤 식으로 숨겨지고 본인에게 인지되지 않는지, 또 동시에 우월감 콤플렉스가 어떻게 열등감 콤플렉스에 대한 보상이 되는지를 본다.

  지금 논의하게 될 그녀의 언니는 총애를 유난히 많이 받아왔다. 그 이유는 한때 그녀가 유일한 아이였고, 응석을 많이 떨었고, 가족 안에서 관심의 초점이었기 때문이다. 3년 뒤에 여동생이 태어났다. 이 사실이 언니의 상황을 완전히 바꿔놓았다. 그 전까지 언니는 언제나 혼자였으며 관심의 초점이었다. 이젠 갑자기 그 위치에서 쫓겨났다. 그 결과 그녀는 곧잘 싸움을 하려

드는 아이가 되었다. 그러나 싸움이 일어나는 때는 언제나 그녀보다 약한 아이가 있을 때였다. 싸움질을 일삼는 아이는 진짜 용감한 아이가 아니다. 그런 아이는 오직 약한 아이를 상대로 해서만 싸움을 한다. 만일 환경이 거칠다면, 아이는 싸움을 하지 않고 투정을 부리거나 우울해할 것이며 이런 이유로 가족의 울타리 안에서 평가를 제대로 받지 못하게 될 것이다.

이런 경우에 언니는 자신이 옛날만큼 사랑을 받지 못하는 존재라고 느끼게 된다. 그러면서 주위 사람들의 달라진 태도를 보면서 자신의 관점을 재차 확인한다. 그녀는 자신이 그렇게 된 데 대해 어머니의 책임이 가장 크다고 생각한다. 동생이 태어나게 한 것이 어머니라는 점에서 보면 맞는 생각이다. 따라서 우리는 언니가 자기 어머니를 직접적으로 공격하는 것을 이해할 수 있다.

반면에 이제 갓 태어난 아기는 새삼 주위 사람들의 관심을 끌게 된다. 모든 사람이 아기를 지켜보고 관찰하고 응석을 들어준다. 따라서 이 아기가 언니의 자리를 대신 차지하게 된다. 동생은 별다른 노력을 할 필요도 없고 싸움을 할 필요도 없다. 그녀는 매우 달콤하고, 매우 부드럽고, 매우 사랑스런 존재로 커 간다. 당연히 가족의 중심이 된다. 복종의 미덕이 곧 정복인 경우가 간혹 있다.

이제 이 달콤함과 부드러움과 친절함이 인생의 유익한 면인지 아닌지를 조사해보자. 그녀가 매우 온순하고 순종을 잘 했던 이유가 단지 그녀가 응석받이로 자랐기 때문이라고 우리는 짐작할 수 있을 것이다. 그러나 우리 문명은 응석받이 아이를 좋은 눈으로 보지 않는다. 간혹 아버지가 이런 사실을 깨닫고 응석받이 식의 양육을 끝내기를 원한다. 또 가끔 학교가 그런 상황에 개입한다. 그런 아이의 위치는 언제나 위험하며, 이런 이유 때문에 응석받이 아이는 열등감을 느낀다. 응석받이 아이가 자신에게 호의적인 상황에 있는 한, 그 아이에게서 열등감이 느껴지지 않는다. 그러나 불리한 상황이 생겨나는 바로 그 순간, 아이는 무너져 내리거나 우울증에 빠지거나 우월감 콤플렉스를 일으키게 된다.

우월감 콤플렉스와 열등감 콤플렉스는 한 가지 점에서, 즉 언제나 인생의 쓸모없는 쪽에 서 있다는 점에서 서로 일치한다. 우리는 우월감 콤플렉스를 가진 건방진 아이들 중에서 인생의 유익한 면에 서 있는 아이를 절대로 발견하지 못한다.

응석받이로 자란 아이들은 처음 학교에 들어가자마자 자신의 상황이 완전히 달라졌다는 사실을 깨닫는다. 그들은 더 이상 호의적인 상황에 있지 않다. 그 순간부터 그들은 머뭇거리는 태도를 취하게 되며 무엇이든 제대로 마무리를 짓지 못한다. 우리가 앞에서 말한 그 동생 소녀도 마찬가지였다. 그녀는 바느질을 배우고 피아노를 연주하기 시작했다. 그러나 얼마 못 가 포기했다. 동시에 그녀는 사회에 대한 관심을 잃었고, 더 이상 외출도 하지 않았고, 우울증을 겪었다. 그녀는 자신이 보다 사랑스런 특징을 지닌 언니의 그늘에 가려졌다고 느꼈다. 그녀의 망설이는 태도는 그녀를 더욱 약하게 만들었고 이어서 그녀의 성격까지 더욱 고약하게 만들었다.

그 이후의 삶에서도 그녀는 마찬가지의 모습을 보였다. 직업 문제에서도 망설였으며 어떠한 것도 제대로 마무리해내지 못했다. 그녀는 언니와 경쟁하고 싶은 욕망을 갖고 있었음에도 불구하고 사랑과 결혼에서도 망설였다. 서른 살이 되었을 때, 그녀는 주변을 둘러보면서 결핵을 앓고 있던 어떤 남자를 발견했다. 당연히 부모가 반대하고 나설 선택이었다. 이 경우에는 그녀 스스로가 행위를 중단하려고 애 쓸 필요가 없었다. 그녀의 부모들이 나서서 억지로 중단시켰기 때문이다. 결혼은 성사되지 않았다. 1년 뒤에 그녀는 자기보다 나이가 서른 살이나 더 많은 남자와 결혼했다. 그 만한 나이의 남자라면 더 이상 남자로 여겨지지 않기 때문에, 결혼이랄 수 없었던 이 결혼은 쓸모없어 보였다. 결혼할 배우자로 자기보다 나이가 훨씬 더 많은 사람을 선택하거나 결혼할 수 없는 상대를, 예를 들면 결혼한 남녀를 선택하는 경우 거기엔 종종 열등감 콤플렉스가 표현되고 있다. 뭔가 삐거덕거릴 때, 거기엔 비겁이 작용하고 있을 가능성이 언제나 있다. 이 소녀는 결혼을 통해서 자신의 우월감을 정당화하지 못했기 때문에, 그녀는 우월감을 정당화할 또 다른 길을 발견했다.

그녀는 이 세상에서 가장 중요한 것은 청결이라고 고집을 부렸다. 그녀는 언제나 몸을 씻었다. 사람이나 물건이 자기 몸에 닿기라도 하면, 그녀는 다시 씻어야 했다. 이런 식으로 그녀는 완전히 고립되었다. 실은 그녀의 손이야말로 가장 더러운 상태가 되었다. 이유는 명백하다. 끝없이 씻어대는 바람에, 피부가 매우 거칠어졌으며 따라서 피부에 먼지가 많이 쌓이게 되었기 때문이다.

이제 이 모든 것이 열등감 콤플렉스처럼 보인다. 그런데도 그녀는 자신이 세상에서 유일하게 순수한 사람이라고 느끼면서 다른 사람들을 자기처럼 결벽증에 빠지지 않는다는 이유로 지속적으로 비난하고 있었다. 이런 식으로 그녀는 팬터마임에서 자신의 역할을 충실히 연기했다. 그녀는 언제나 우월한 사람이 되기를 원했으며 그 결과 지금 소설 같은 방법으로 아주 우월해졌다. 그녀는 세상에서 가장 순수한 사람이었다. 여기서 우리는 그녀의 열등감 콤플렉스가 우월감 콤플렉스로 바뀌어 아주 분명하게 나타나고 있는 것을 보고 있다.

자신이 예수 그리스도나 중국 황제라고 믿는 과대망상증 환자들에게서도 이와 똑같은 현상이 나타난다. 그런 사람들은 삶의 무익한 쪽에 서 있으며 자신의 역할을 마치 그것이 현실인 양

연기한다. 그는 삶에서 고립되어 있다. 만일 그의 과거를 더듬어 올라간다면, 우리는 그가 열등감을 느꼈으며 쓸모없는 쪽으로 우월감 콤플렉스를 키웠다는 것을 확인하게 될 것이다.

환각 때문에 정신병원에 수용된 15세 소년이 있었다. 전쟁이 발발하기 전이었는데, 그는 오스트리아 황제가 죽었다고 생각했다. 이는 사실이 아니었다. 그러나 그는 황제가 꿈속에 나타나 자신에게 오스트리아 군대를 이끌고 적과 싸우라는 명령을 내렸다고 주장했다. 키도 다 자라지 않은 소년에게! 황제가 자신의 성에 머물고 있다거나 아니면 자동차를 타고 성 밖으로 나갔다는 소식을 전한 신문을 언제 보았는지 그는 알지 못했다. 단지 황제가 죽어서 그의 꿈에 나타났다는 주장만을 폈다.

당시 개인 심리학은 사람이 우월감이나 열등감을 보이는 것과 잠을 잘 때의 자세 사이에 어떤 상관성이 없는지를 밝히려고 노력하고 있었다. 그런 정보도 유익할 수 있다. 어떤 사람들은 침대에 고슴도치처럼 웅크리고 누워 머리끝까지 이불을 덮는다. 이는 열등감 콤플렉스의 표현이다. 그런 모습을 보이는 사람이 용감할 것이라고 어떻게 생각할 수 있겠는가? 아니면 큰 대자로 벌리고 자는 사람을 보면서 어떻게 그 사람이 삶에서 약하거나 휘어질 것이라고 생각할 수 있겠는가? 이런 사람은 잠을 자는 모습과 비슷하게 훌륭해 보일 것이다. 배를 깔고 엎드려 자는 사람들이 고집이 세고 싸움하길 좋아하는 편이라는 것도 관찰되었다.

 이 소년을 놓고 깨어 있을 때의 행동과 잠을 자는 자세 사이의 상관관계를 밝히기 위해 관찰을 실시했다. 그 결과 그가 나폴레옹처럼 가슴 위로 팔짱을 낀 듯한 모습으로 잠을 잔다는 것이 확인되었다. 다음날 소년에게 "이런 자세를 생각하면 떠오르는 사람이 있어?"라고 물었다. 그러자 소년은 "예, 저의 선생님이 생각나요."라고 대답했다. 이 선생이 나폴레옹과 비슷할 수도 있겠다는 생각이 들 때까지, 이 발견은 다소 당혹스러웠다. 짐작한 대로였다. 더욱이, 소년은 자기 선생을 사랑하여 자신도 교사가 되기를 원했다. 그러나 가정이 넉넉하지 못해 소년은 교육의 기회를 얻지 못했다. 그의 가족은 그가 식당에서 일하도록 했으며, 그곳의 손님들이 몸집이 작다는 이유로 그를 놀렸다. 그는 조롱을 참아낼 수 없었으며 수치심으로부터 벗어나기를 원했다. 그러다 불행히도 그는 인생의 쓸모없는 쪽으로 달아났다.

 우리는 이 소년의 경우에 무슨 일이 벌어졌는지 이해할 수 있다. 처음에 그는 몸집이 작다는 이유로 식당에서 손님들로부터 조롱을 당했기 때문에 열등감 콤플렉스를 가졌다. 그러나 그는 우월을 끊임없이 추구하고 있었다. 그는 교사가 되기를 원했다. 그러나 이 직업을 갖는 것 자체가 봉쇄되었기 때문에 그는 인생의 쓸모없는 쪽으로 눈길을 돌림으로써 우월의 또 다른 목표를 발견했다. 그는 잠과 꿈에서 우월한 사람이 되었다.

허풍과 자신감

따라서 우리는 우월의 목표가 인생의 무익한 면에도 있을 수 있고 인생의 유익한 면에도 있을 수 있다는 것을 볼 수 있다. 예를 들어서 어떤 사람이 인자하게 보인다면, 그것은 다음 둘 중 하나를 의미할 것이다. 그가 사회적으로 적응이 잘 되어 있어 누군가를 돕기를 원한다는 뜻이 될 수도 있고, 그렇지 않으면 그가 단순히 자랑하기를 원한다는 뜻이 될 수도 있다. 심리학자는 자랑이 주요 목표인 사람을 자주 만난다.

학교에서 성취도가 크게 떨어지는 어떤 소년이 있었다. 사실 이 소년은 성적이 너무 형편없어서 무단결석자가 되고 물건을 훔치기에 이르렀다. 그런데도 그는 언제나 허풍을 떨고 있었다. 그가 그렇게 하는 것은 열등감 콤플렉스 때문이었다. 그는 싸구려 허영일지라도 좋으니 어떤 분야에서 결과를 성취하길 원했다. 따라서 그는 돈을 훔치고 매춘부들에게 꽃을 비롯해 다양한 선물을 안겼다. 어느 날 그는 멀리 떨어진 작은 도시로 자동차를 몰고 가서 거기서 여섯 마리의 말이 끄는 마차를 빌렸다. 그는 마차를 타고 온 도시를 당당하게 돌아다니다가 체포되었다. 그의 모든 행동을 통해서 그가 가장 노력한 부분은 다른 사람들보다 위대하게, 그리고 자신의 진짜 모습보다 더 위대하게 보이는 것이었다.

범죄자들의 행동에도 이와 비슷한 경향, 말하자면 쉽게 성공을 성취하려는 경향이 나타날 것이다. 이에 대해서는 이미 논한 바가 있다. 뉴욕의 신문들은 얼마 전에 강도가 학교 선생들의 집에 침입하여 선생들과 대화를 한 사건에 대해 보도했다. 이 강도는 여선생들에게 그들은 정직한 직장에 얼마나 문제가 많은지를 잘 모른다고 말했다. 그에겐 일을 하는 것보다 강도짓이 훨씬 더 쉬워 보였다. 그리하여 이 남자는 인생의 쓸모없는 쪽으로 도망을 쳤다. 그러나 이 쪽의 길을 걸음으로써 그는 우월감 콤플렉스를 일으켰다. 그는 자신이 여자들보다 더 강하다고 느꼈다. 특히 그는 무기를 갖고 있는데 반해 여자들은 무장을 하지 않았다는 이유에서였다. 그런 그가 자신이 겁쟁이라는 사실을 깨달을 수 있을까? 우리는 그가 겁쟁이라는 것을 안다. 그를 인생의 쓸모없는 쪽으로 피함으로써 열등감 콤플렉스에서 벗어난 사람으로 보기 때문이다. 그러나 그는 자신을 영웅으로 생각하지 절대로 겁쟁이로 생각하지 않았다.

일부 유형은 자살로 눈을 돌리며 문제투성이인 세상을 그런 식으로라도 던져버리고 싶은 욕망을 느낀다. 실제로 보면 그들은 겁쟁이다. 그럼에도 그들은 마치 목숨을 돌보지 않는 것처럼 행동하며 그렇게 하면서 우월감을 느낀다. 여기서 우리는 우월감 콤플렉스가 두 번째 단계라는 점을 확인한다. 그것은 열등감 콤플렉스에 대한 보상이다. 심리학자는 언제나 사람의 심리에서 유기적 연결을 찾아내려고 노력해야 한다. 말하자면, 이미 살펴보았듯이, 얼핏 모순처럼 보이지만 인간 본성에 속하는 그런 연결을 찾아내야 한다는 뜻이다. 이 연결이 발견되기만 하면, 우리는 열등감 콤플렉스와 우월감 콤플렉스 둘 다를 치료할 수 있는 위치에 서게 된다.

건전한 열등감

열등감 콤플렉스와 우월감 콤플렉스에 대한 결론을 내리기에 앞서, 이 두 가지 콤플렉스가 정상적인 사람과 어떤 관계에 있는지에 대해 몇 마디를 반드시 해야 한다. 이미 살핀 바와 같이, 우리 모두 열등감을 갖고 있다. 그러나 열등감은 병이 아니다. 오히려 건강하고 정상적인 노력과 발전에 자극제가 될 수 있다. 열등감이 병적인 조건이 되는 경우는 부적절하다는 느낌이 워낙 강하여 열등감이 그 개인을 긍정적인 쪽으로 자극하지 못하고 발전을 끌어내지 못할 때이다. 이런 상황에선 사람이 우울증을 느끼게 된다. 그렇다면 우월감 콤플렉스는 열등감 콤플렉스를 가진 사람이 곤경을 회피하는 한 방법이 될 수 있다. 그런 사람은 자신이 우월하지 않은데도 우월하다고 생각하며, 그의 그릇된 성공은 그가 견뎌내지 못하는 열등의 상태에 대한 보상이 된다. 정상적인 사람이라면 우월감 콤플렉스를 갖고 있지 않으며, 심지어 우월감조차 갖지 않는다. 정상적인 사람은 우월한 존재가 되려고 노력할 뿐이다. 우리 모두가 성공을 거두려는 야망을 품고 있다는 점에서 보면 그렇다. 그러나 이 노력이 건전한 일로 나타나는 한, 그것은 정신병의 원인이 되는 엉터리 평가로 이어지지 않는다.

4장
생활양식

정상적인 생활양식

계곡에서 자라고 있는 소나무를 보라. 그러면 산 정상에 서 있는 소나무와 다르게 자란다는 사실이 확인될 것이다. 계곡의 소나무나 산 정상의 소나무나 다 같은 품종인데도, 그렇듯 2가지의 생활양식이 뚜렷이 나타난다. 산 정상에서 자라는 소나무의 모양새는 계곡에서 자라는 소나무의 모양새와 판이하다. 한 그루 나무의 생활양식은 그 나무가 주어진 환경에서 스스로를 표현하고 형성해가는 바로 그 개성이다. 소나무를 흔히들 예상하는 것과 다른 환경에서 볼 때, 거기서 우리는 어떤 양식을 쉽게 파악할 수 있다. 왜냐하면 모든 나무가 나름의 양식을 갖고 있으며 환경에 기계적으로 반응만 하는 것이 아니기 때문이다.

인간도 이와 똑같다. 우리는 환경의 어떤 조건 아래에서 생활양식을 본다. 이 생활양식과 기존의 환경의 관계를 정확히 분석해내는 것이 심리학자의 임무이다. 사람의 마음이 환경의 변화에 따라 변하기 때문이다. 어떤 사람이 자신에게 호의적인 상황에 있는 한, 그의 생활양식은 명확하게 드러나지 않는다. 그러나 새로운 상황에 놓이게 되면, 말하자면 곤경에 처하게 되면, 그 사람의 생활양식이 분명하게 나타난다. 훈련이 잘 된 심리학자는 아마 이 사람이 호의적인 상황에 있을 때조차도 그의 생활양식을 이해할 수 있을 것이다. 그러나 사람이 역경이나 어려운 상황에 처하게 되면, 생활양식이 누구에게나 보일 정도로 분명하게 드러난다.

인생이란 결코 놀이가 아니기 때문에 어려운 일이 일어나지 않을 수가 없다. 인생의 길엔 언제나 어려운 상황이 벌어지게 되어 있다. 심리학자가 치료 대상자를 연구하다가 정상적인 사람과 다른 동작이나 특징을 발견하는 것은 그 사람이 어려움에 직면해 있을 때이다. 앞에서 보았듯이, 생활양식은 하나의 통합체이다. 왜냐하면 그것이 삶의 초기의 어려움들과 어떤 목표를 향한 노력에서 비롯되기 때문이다.

그러나 심리학자는 과거보다 미래에 관심을 더 많이 쏟는다. 어떤 사람의 미래를 이해하기 위해선 그 사람의 생활양식을 이해해야 한다. 본능과 자극, 욕망 등을 이해한다 할지라도, 그것만을 근거로 해서는 우리는 어떤 일이 벌어질 것인지를 예측하지 못한다. 일부 심리학자들은 정말로 본능이나 인상 혹은 충격 등에 주목함으로써 어떤 결론을 내리려고 노력한다. 그러나 조금 더 면밀히 검토해 보면, 이런 모든 요소들이 일관된 생활양식을 이루고 있다는 사실이 확인될 것이다. 따라서 어떤 자극을 받든, 그 자극은 생활양식을 강화하게 되어 있다.

  생활양식이라는 개념은 우리가 앞의 여러 장에서 논의한 것들과 어떤 식으로 밀접히 연결되어 있을까? 약한 신체기관을 가진 사람들이 어려움에 직면하고 불안을 느끼는 탓에 열등감이나 열등감 콤플렉스로 힘들어하게 되는 과정을 우리는 보았다. 그러나 인간은 열등감이나 열등감 콤플렉스를 오랫동안 견뎌내지 못한다. 그렇기 때문에 열등감이 사람들로 하여금 움직이고 행동하도록 자극한다. 사람들이 어떤 목표를 갖도록 하는 것이다. 개인 심리학에서는 이 목표를 향한 꾸준한 이동을 오랫동안 삶의 계획이라고 불러왔다. 그러나 이 명칭이 학생들 사이에 오해를 불러일으키는 경우가 간혹 있기 때문에, 그것이 지금은 생활양식이라 불린다.

  개인이 생활양식을 갖고 있기 때문에, 그 사람과 만나서 몇 가지 질문을 던지고 거기서 들은 대답을 근거로 그의 미래를 예측하는 것도 가능해진다. 그것은 연극 중에서 모든 미스터리가 다 풀리는 5막을 보는 것과 비슷하다. 심리학자들이 이런 식으로 예측할 수 있는 이유는 우리가 인생의 단계들과 어려움과 문제들을 알고 있기 때문이다. 따라서 경험과 몇 가지 사실에 관한 지식을 근거로, 우리는 항상 다른 사람들을 멀리하려 하거나, 도움을 구하려 들거나, 응석받이로 자라거나, 어떤 상황에 접근할 때 망설이는 아이들에게 무슨 일이 일어날 것인지를 예측할 수 있다. 다른 사람들의 도움을 받는 것을 목표로 정한 사람의 경우엔 어떤 일이 벌어질까? 그런 사람은 매사에 망설이면서 인생 문제에 대한 해결을 중단하거나 회피하려 들 것이다. 우리는 그가 어떤 식으로 망설이고 중단하고 회피할 수 있는지를 알고 있다. 그런 일을 수천 번도 더 보았기 때문이다. 우리는 그가 자기 혼자 삶의 길을 뚜벅뚜벅 걸어가길 원하지 않고 언제나 응석받이로 살기를 원한다는 것을 알고 있다. 그는 인생의 중대한 문제로부터 멀리 떨어져 있기를 원하고, 또 유익한 것들을 놓고 머리를 싸매느니 차라리 쓸모없는 일에 몰두하길 원한다. 그는 사회적 관심이 부족하고, 그 결과 문제아나 신경증 환자, 범죄자, 그리고 최종적인 회피로 자살을 시도하는 사람이 될 수 있다. 이 모든 것들에 대해서 우리는 옛날보다 훨씬 더 잘 이해하게 되었다.

예를 들어 우리는 어떤 사람의 생활양식을 조사하면서 정상적인 생활양식을 척도의 기준으로 이용할 수도 있다는 점을 깨닫고 있다. 우리는 사회적으로 적응이 잘 된 사람을 기준으로 이용하며, 이 기준에서 벗어난 정도를 측정할 수 있다.

이 대목에서 아마 우리가 정상적인 생활양식을 어떤 식으로 결정하며 또 그것을 바탕으로 실수와 이상한 점을 어떻게 이해할 수 있는지를 보여주는 것도 도움이 될 것이다. 그러나 이 문제를 논의하기에 앞서, 먼저 그런 연구에서는 유형을 고려할 수 없다는 점에 대해 언급해야 한다. 개인 심리학자는 인간 존재의 유형을 고려하지 않는다. 왜냐하면 모든 인간 존재는 그 사람만의 개인적 생활양식을 갖고 있기 때문이다. 한 나무에서 완벽하게 똑같은 나뭇잎을 발견하는 것이 불가능하듯, 완벽히 똑같은 두 사람도 절대로 있을 수 없다. 자연이 너무 풍성하고 따라서 자극과 본능과 실수의 가능성 또한 워낙 다양하기 때문에 두 사람이 완벽하게 똑같은 경우는 절대로 있을 수 없다. 그러므로 만일 우리가 유형들에 대해 이야기한다면, 그것은 개인들의 유사점들에 대한 이해를 보다 쉽게 하기 위한 지적 장치일 뿐이다. 만일 어떤 지적 분류를 하나의 유형으로 가정하며 그 유형의 특별한 점들을 연구한다면, 우리가 그 유형에 대한 판단을 더 잘 할 수 있을 것이다. 그러나 그렇게 한다고 해서 우리가 언제나 똑같은 분류를 이용하는 것은 아니다. 우리는 어떤 특별한 특성을 끌어내는데 가장 유익한 분류를 이용할 것이기 때문이다. 유형과 분류를 진지하게 받아들이는 사람들은 어떤 사람을 분류하여 그 칸에 집어넣기만 하면 그 사람이 다른 칸으로도 분류될 수 있다는 사실을 절대로 보지 않는다.

한 예가 이 관점을 명쾌하게 보여줄 것이다. 예를 들어 사회적으로 제대로 적응하지 못한 개인의 유형에 대해 이야기할 때, 우리는 사회적 관심을 전혀 보이지 않는 상태에서 쓸모 없는 인생을 사는 사람에 대해 논한다. 이는 개인들을 분류하는 한 방법이고 또 아마 가장 중요한 방법일 것이다. 그러나 아무리 제한적인 관심일지라도 시각적인 것들에 관심의 초점을 맞추고 있는 어떤 사람을 고려해 보라. 이 사람은 관심이 구술적인 것에 모아지는 사람과 전적으로 다른데도, 둘 다 사회적으로 제대로 적응하지 못해 동료들과의 관계 구축에 어려움을 겪는다. 따라서 만일 유형이란 것이 단지 편의를 위한 추상적 개념에 지나지 않는다는 점을 깨닫지 못한다면, 이 분류 자체가 혼동의 원천이 될 수 있다.

여기서 변화를 측정하는 기준이 될 정상적인 사람을 고려해 보자. 정상적인 사람은 어떤 사람인가 하면, 사회 안에서 살고 있으면서 생활양식이 사회에 잘 적응한 까닭에 그가 원하든 원치 않든 사회가 그의 활동에서 어떤 이점을 끌어낼 수 있는 그런 사람이다. 또한 심리학적 관점에서 보면, 그는 삶에 따르게 마련인 문제와 어려움을 직시할 활력과 에너지를 충분히 갖고 있다. 정신병을 앓는 사람들에게서는 이 두 가지 특징이 발견되지 않는다. 이 환자들은 사회적으로 적응도 제대로 되어 있지 않고 삶의 일상적 임무에 심리적으로도 제대로 적응되어 있지 않다.

사회적 적응이 제대로 안 된 생활양식

이를 쉽게 보여주는 한 예로, 언제나 마지막 순간에 문제해결을 회피하는 서른 살 남자가 있었다. 그는 친구가 하나 있었지만 이 친구마저 의심했으며 그 결과 우정을 꽃피우지 못했다. 우정은 이런 조건에서는 자라지 못한다. 어느 한쪽이 두 사람의 관계에 불안을 느끼고 있기 때문이다. 이 사람이 많은 사람들과 말을 하며 지내고 있음에도 불구하고 진정한 친구를 한 사람도 두지 못한 이유를 우리는 알 수 있다. 그는 친구를 깊이 사귈 수 있을 만큼 사회적으로 관심을 갖지도 않았고 적응도 되어 있지 않았다. 사실 그는 사회를 좋아하지 않았으며, 사람이 모인 자리에서도 언제나 침묵을 지켰다. 이에 대해 그는 사람들이 함께 모여 있으면 어떤 생각도 떠오르지 않기 때문에 할 말이 전혀 없다는 식으로 설명했다.

게다가, 이 사람은 부끄럼을 많이 탔다. 말을 하다 보면 그의 얼굴이 분홍빛으로 붉어질 때가 간혹 있었다. 이런 수줍음을 극복하기만 하면, 그는 말을 상당히 잘할 것이다. 그에게 진정으로 필요한 것은 비난의 소리를 듣지 않는 가운데 도움을 받는 것이었다. 얼굴을 붉히며 힘들어 할 때, 물론 그의 모습은 결코 아름답지 못하며 이웃으로부터 사랑을 받을 만하지도 않았다. 그도 이런 사실을 알았고, 그 결과 말을 싫어하는 그의 태도는 더욱 심화되었다. 그런 그를 보고 있으면, 그의 생활양식 때문에 그가 집단 속의 다른 사람들에게 다가설 때 자기 자신에 대해 신경을 너무 많이 쓰는 것 같다는 느낌이 들었다.

사회생활과 친구들을 잘 사귀는 기술 다음에는 직업의 문제가 있다. 우리의 환자는 자신이 직장에서 실패를 하지 않을까 하는 두려움을 언제나 느꼈으며 그래서 밤낮으로 공부를 했다. 그는 자신을 지나치게 혹사하고 지나치게 긴장시킨 탓에 오히려 일을 제대로 못하게 되어 직장 문제에 제대로 대처하지 못했다.

우리의 환자가 인생의 첫 번째 문제와 두 번째 문제에 접근하는 방법을 서로 비교한다면, 우리는 그가 언제나 지나친 긴장 속에 살았다는 것을 확인할 것이다. 이는 그가 대단한 열등감을 안고 있다는 신호이다. 그는 자기 자신을 과소평가하고, 또 다른 사람과 새로운 상황이 자신에게 우호적이지 않을 것이라고 생각했다. 그는 마치 자신이 적국에 갇힌 것처럼 행동했다.

이제 우리는 이 사람의 생활양식을 그려볼 자료를 충분히 확보했다. 그가 사람들 앞에 나서기를 원하면서도 동시에 실패를 두려워하기 때문에, 사람 앞에 나서려는 욕망이 봉쇄된다. 마치 그가 심연 앞에 서서 언제나 긴장을 팽팽하게 느끼고 있는 것 같았다. 그는 앞으로 나아가려 했지만 그건 어디까지나 조건적이었다. 그래서 그는 집에 머물기를 더 좋아하고 타인들과 섞이기를 피했다.

이 사람이 직면한 세 번째 문제는 사랑의 문제였다. 대부분의 사람들이 대응할 준비를 제대로 갖추지 못하는 문제가 바로 사랑의 문제이다. 그는 이성에게 다가가기를 망설였다. 그는 자신이 사랑하기를 원하고 결혼하기를 원한다는 사실을 깨달았다. 그러나 깊은 열등감 때문에 그는 사랑이나 결혼을 생각만 해도 너무 무서워 감히 그런 일들을 정면으로 맞닥뜨리지 못했다. 그는 자신이 원하는 것을 성취하지 못했으며, 그러다 보니 그의 행동과 태도는 "예. 그렇지만!"으로 요약될 그런 것이 되어버렸다. 우리는 그가 한 소녀를 사랑하는 중에 또 다른 소녀를 사랑하는 것을 목격한다. 이는 물론 신경증을 앓는 사람들에게 자주 일어나는 현상이다. 어떻게 보면 두 명의 소녀가 한 소녀보다 부담이 덜할 수 있기 때문이다. 이것이 일부다처제나 바람을 피우는 성향의 뒤에 도사리고 있는 것을 설명해주는 것 같기도 하다.

　이젠 이런 생활양식이 형성되는 이유를 찾아보도록 하자. 개인 심리학은 생활양식의 원인을 분석하는 것을 임무로 여긴다. 이 사람은 4세 때나 5세 때 자신의 생활양식을 확고히 정했다. 당시에 그의 생활양식을 그런 식으로 형성시킨 어떤 비극이 일어났다. 그렇기 때문에 우리는 이 비극을 찾아내야 한다. 그 시절에 무슨 일인가가 일어나서 그가 다른 사람에 대해 정상적인 관심을 갖지 않도록 만들었고, 동시에 그에게 인생은 하나의 커다란 어려움이며 그래서 언제나 어려운 상황에 봉착하느니 차라리

나서지 않는 게 더 낫다는 인상을 심어주었다는 사실을 우리는 확인할 수 있다. 그 결과 그는 조심스러워하고, 망설이고, 회피의 길을 찾는 존재가 되었다.

　우리는 그가 첫 아이였다는 사실에 주목해야 한다. 첫 아이라는 위치가 지니는 의미에 대해서는 이미 논한 바 있다. 또 첫 아이의 경우 그 아이가 몇 년 동안 관심의 초점이 되었다가 그 자리를 동생에게 넘겨주고 영광을 잃게 된다는 사실에서 어떤 중대한 문제를 겪는지에 대해서도 이미 논의했다. 수줍음이 많아서 앞으로 잘 나서지 못하는 사람들을 대상으로 그 이유를 추적해 들어가다 보면 아주 옛날에 그 사람 외의 다른 사람이 사랑을 받게 되었다는 사실에 닿는 예가 아주 많다. 이 환자의 경우에도 문제가 어디 있는지를 밝혀내는 것이 어렵지 않다.

진단의 방법들

　많은 경우에 환자에게 이 질문만 던져도 된다. 당신은 몇 째입니까? 그러면 필요한 정보가 몽땅 얻어진다. 우리는 또한 완전히 다른 방법을 이용할 수도 있다. 다음 장에서 길게 논하겠지만, 옛날 기억을 물을 수도 있다. 이 방법이 가치 있는 이유는 어린 시절 기억이나 첫인상이 우리가 원형이라고 부른 초기 생활양식의 일부를 이루기 때문이다. 어떤 사람이 자신의 어릴 적 기억에 대해 이야기할 때, 우리는 그 사람의 원형의 일부를 들여다

볼 기회를 갖게 된다. 사람들은 누구나 과거를 돌아보면서 중요한 것들을 기억해 낸다. 이렇듯 기억 속에 고착되어 있는 것은 언제나 중요하다. 이와 정반대의 가설을 바탕으로 활동하는 심리학 학파도 있다. 그들은 사람이 망각한 것이 가장 중요하다고 믿는다. 그러나 2가지 학파 사이에는 큰 차이가 없다. 아마 사람들이 심리학자에게 자신의 의식적인 기억에 대해 말할 수 있을 테지만 그것이 의미하는 바에 대해서는 잘 모른다. 그 사람은 그 기억과 자신의 행동 사이의 연결을 보지 못한다. 따라서 의식적인 기억이 숨겨졌거나 잊혀진 의미를 강조하든 아니면 잊혀진 기억의 중요성을 강조하든, 그 결과는 똑같다.

　어린 시절 기억에 대한 사소한 묘사가 그 사람에 대해 많은 이야기를 들려줄 수 있다. 한 예로 어떤 사람은 당신에게 자신이 어렸을 때 자기 엄마가 자신과 동생을 시장으로 데려갔다는 이야기를 들려줄 수도 있다. 그것으로 충분하다. 그러면 우리는 그의 생활양식을 발견할 수 있다. 그는 자기 자신과 어린 동생을 묘사한다. 그러므로 그에게는 어린 동생을 갖게 된 것이 중요한 일이었음에 틀림없다. 그를 조금 더 끌고 나가도록 하라. 그러면 그날 가족이 시장에 갔을 때 비가 내리기 시작했다고 회고하는 상황과 비슷한 상황이 발견될 것이다. 그 전까지 그의 어머니는 언제나 그를 안아주었다. 그러나 어린 동생이 생긴 뒤로는 어머니가 늘 동생을 안았다. 따라서 우리는 그의 생활양식을 그릴 수 있다. 그는 언제나 다른 사람이 사랑을 받는다는 생각에 빠져 지내고 있다. 그래서 우리는 그가 사람들이 모인 자리에서 말을 하지 못하는 이유를 이해할 수 있다. 그가 언제나 자기보다 더 선호되는 사람이 없는가 하고 살피고 있기 때문이다. 우정에도 똑같이 적용될 수 있다. 그는 언제나 자기 친구가 좋아하는 사람이 자기말고 따로 있다고 생각하고 있으며, 그 결과 그에겐 진정한 친구가 한 사람도 없게 되었다. 그는 끊임없이 의심하면서 자신이 배신이나 퇴짜로 해석할 수 있을 사소한 것들을 찾고 있다.

우리는 또한 그가 경험한 비극이 그의 사회적 관심의 발달을 어떤 식으로 방해했는지를 볼 수 있다. 그는 자기 어머니가 어린 동생을 팔로 안았다는 것을 회상하고 있다. 그러면서 그는 이 아기가 자기 어머니의 관심을 자기보다 더 많이 받았다고 느낀다. 그는 자기 동생이 더 선호된다고 느끼면서 이 생각을 뒷받침할 것을 끊임없이 찾고 있다. 그는 자신이 잘 하고 있다는 점을 입증해 보이려고 마음을 먹었으며, 따라서 긴장을 강하게 느끼고 있다. 그 결과 다른 누군가가 선호될 때, 그는 어떤 일을 성취하려고 노력하며 힘들어 하게 되었다.

이처럼 곧잘 의심을 품는 사람에게 유일한 해결책은 철저한 고립이다. 그러면 다른 사람들과 경쟁을 벌여야 하는 상황도 절대로 생기지 않을 것이다. 말하자면 자신이 이 세상에서 유일한 존재가 될 것이다. 간혹 이런 아이에게는 이 세상이 완전히 무너지고 자신이 거기에 남은 유일한 존재이며 따라서 자기보다 더 선호될 사람은 아무도 없다는 공상이 일어나기도 한다. 우리는 이런 사람이 스스로를 위로하기 위해 가능한 모든 것을 어떤 식으로 시도하는지를 안다. 그러나 그는 논리나 상식, 혹은 진리를 따르지 않고 오히려 의심의 길 또는 자기만의 개인적 논리를 따른다. 그는 제한된 자신만의 세계 안에서 살며 개인적으로 도피의 아이디어를 품고 있다. 그는 타인들과의 연결을 전혀 맺고 있지 않고 타인들에 대한 관심도 전혀 없다. 그렇다고 그를 나무라서는 안 된다. 그가 정상이 아니라는 것을 우리가 알고 있기 때문이다.

사회적 감각의 개발

이런 사람이 사회적으로 잘 적응한 인간 존재로 성숙하는 데 필요한 사회적 감각을 제대로 개발하도록 도와주는 것이 심리학자의 임무이다. 어떻게 하면 사회적 감각을 키우도록 할 수 있을까? 이런 식으로 훈련이 제대로 되지 않은 사람들의 문제는 그들이 과도하게 긴장하면서 자신의 고착된 생각을 뒷받침할 증거를 찾는다는 점이다. 따라서 우리가 그들의 성격 안으로 깊이 파고들어가서 그들의 선입견을 해체시키지 않는 한, 그들의 생각을 바꿔놓는 일은 불가능하다. 이를 성취하기 위해서는 반드시 어떤 기술과 전술을 이용해야 한다. 그리고 이때에는 조언자가 환자와 밀접히 연결되지 않거나 환자에게 깊이 관심을 두지 않는 것이 가장 좋은 방법이다. 왜냐하면 만일 조언자가 환자에게 직접적으로 관심을 보인다면, 이 조언자는 자신이 환자를 위해서가 아니라 자기 자신을 위해서 행동하고 있다는 사실을 깨닫게 될 것이기 때문이다. 환자는 절대로 이런 사실을 놓치지 않을 것이며 따라서 의심하는 태도를 갖게 될 것이다.

중요한 것은 환자의 열등감을 줄여주는 것이다. 열등감을 한꺼번에 털어버리는 것은 불가능한 일이다. 사실 우리는 열등감을 완전히 추방하길 바라지도 않는다. 왜냐하면 열등감이란 것이 무엇인가를 쌓아 올릴 유익한 터전이 될 수 있기 때문이다. 우리가 해야 하는 것은 환자의 목표를 바꿔놓는 것이다. 우리는 다른 누군가가 선호된다는 이유로 그 환자의 목표가 도피가 되었다는 것을 보았다. 우리가 다뤄야 하는 것은 바로 이런 생각들이다. 우리는 그에게 그가 정말로 자신을 과소평가하고 있다는 점을 보여줌으로써 그의 열등감을 줄여주어야 한다. 우리는 그에게 그의 동작에 나타나는 문제를 보여주고, 마치 깊은 낭떠러지 앞에 서 있거나 무서운 적국에서 살거나 언제나 위험 속에 살고 있는 것처럼 과도하게 긴장하는 성향에 대해서도 설명해줄 수 있어야 한다. 우리는 다른 사람이 더 선호될 수 있다는 두려움이 어떤 식으로 그가 최선을 다해 일을 하지 못하도록 막고 좋은 인상을 남기지 못하도록 방해하는지를 그에게 설명할 수 있다.

만일 그런 사람이 모임에서 호스트의 역할을 하면서 친구들을 즐겁게 만들고 그들과 친하게 어울리면서 그들의 이익에 대해 생각할 수 있다면, 그는 크게 개선될 것이다. 그러나 일상적인 사회생활 안에서 그가 스스로를 즐기지도 않고 건설적인 아이디어를 갖고 있지도 않다는 것을 우리는 확인한다. 그 결과 엉뚱하게도 그는 "바보 같은 것들. 이들은 나를 즐겁게 만들지 못해. 나의 관심을 끌지 못해."라고 말하게 된다.

이런 오해로 힘들어 하는 사람들의 문제는 그들이 지극히 개인적인 논리를 갖고 있고 상식을 결여한 까닭에 상황을 제대로 이해하지 못한다는 점이다. 우리가 말한 대로, 마치 그들은 언제나 적들과 맞선 가운데 외로운 늑대의 삶을 영위하고 있는 것처럼 보인다. 인간의 상황에서 그런 사람은 비극적인 비정상이다.

우울증과 공포의 극복

여기서 또 다른 구체적인 예를 보도록 하자. 우울증에 빠진 남자의 예이다. 우울증은 매우 흔한 병이다. 그러나 우울증은 치료가 가능하다. 우울증에 취약한 사람들은 삶의 초반부터 확인된다. 실제로 보면 새로운 상황에 놓일 때, 우울증을 겪는 아이들이 눈에 많이 띈다. 우리가 논하려는 이 남자의 경우에는 우울증을 10차례나 겪었다. 우울증의 공격은 언제나 그가 새로운 자리로 옮길 때마다 있었다. 옛날의 자리에 그대로 있는 한, 그는 거의 정상이었다. 그러나 그는 모임에 나가기를 좋아하지 않았으며 다른 사람들을 지배하길 원했다. 따라서 그에겐 친구가 하나도 없었으며 쉰 살인데도 결혼을 하지 않았다.

그의 생활양식을 연구하기 위해 그의 어린 시절을 보도록 하자. 그는 매우 예민했고 싸움을 일삼았으며, 자신의 고통과 취약성을 강조함으로써 언제나 형과 누나를 지배하려 들었다. 소파 위에서 놀던 어느 날, 그는 형과 누나들을 모두 소파 밖으로 밀어냈다. 그의 숙모가 그러는 그를 나무라자, 그는 "숙모가 나를 꾸짖었기 때문에 내 인생이 완전히 망가져버렸어!"라고 말했다. 그때 그의 나이 겨우 4세 아니면 5세였다.

그것이 그의 생활양식이었다. 언제나 타인을 지배하려 들고, 언제나 자신의 취약성과 고통에 대해 불평을 늘어놓는 것이 그의 생활양식이었던 것이다. 이 특성이 훗날 우울증으로 이어졌는데, 우울증이란 본래 취약성의 표출에 지나지 않는다. 우울증을 겪는 환자들은 예외 없이 "내 인생은 망가졌어. 모든 게 끝났어."라는 말을 입에 달고 산다. 그런 사람들을 보면 응석받이로 자랐다가 더 이상 응석받이로 자라지 않게 된 경우가 많이 보인다. 이 같은 사실이 그들의 생활양식에 영향을 미친다.

인간이 상황에 반응하는 것을 보면 다양한 동물들을 많이 닮았다는 생각이 든다. 똑같은 상황에도 산토끼는 늑대나 호랑이와 아주 다르게 반응한다. 각 개인도 마찬가지이다. 언젠가 세 부류의 소년들을 사자의 굴로 데려가는 실험을 한 적이 있다. 무서운 동물을 처음 보는 순간 각 소년들이 어떤 반응을 보이는지 확인하기 위해서였다. 첫 번째 소년은 몸을 돌리더니 "집에 가자."라고 말했다. 두 번째 소년은 "정말 멋지군!"이라고 말했다. 그는 용기 있는 척 보이길 원했으나 그 말을 할 때 그의 몸은 떨리고 있었다. 그는 겁쟁이였다. 세 번째 소년은 "침을 한 번 뱉어볼까?"라고 말했다. 여기서 우리는 3가지 다른 반응을, 똑같은 상황을 경험하는 3가지 방식을 보고 있다. 또한 인간의 대부분은 두려워하는 성향을 갖고 있다는 것을 확인할 수 있다.

사회적 상황에서, 이 겁이 부적응의 원인으로 가장 자주 꼽힌다. 좋은 집안에 태어나서 자신이 직접 노력을 하지 않고 언제나 도움을 받기를 원한 사람이 있었다. 그는 나약해 보였고, 당연히 괜찮은 자리를 얻지 못했다. 집안 사정이 더욱 나빠지자, 형제들이 그를 나무라기 시작했다. "얼마나 바보기에 일자리도 하나 못 찾는 거야! 너는 아는 게 아무것도 없어." 그래서 이 사람은 술을 마시기 시작했다. 몇 개월 지난 뒤 그는 주정뱅이가 되어 2년 동안 정신병원에 수용되었다. 이 시설이 그에게 도움을 주긴 했지만 그를 영원히 이롭게 하지는 못했다. 왜냐하면 그가 아무런 준비도 갖추지 않은 상태에서 다시 사회로 나왔기 때문이다. 그는 명문 가문의 후손이었음에도 막일 외에는 어떠한 일도 찾지 못했다. 곧 그는 환각에 시달리게 되었다. 그는 어떤 사람이 일을 하지 못하도록 자기를 괴롭힌다고 생각했다. 그는 처음에는 주정뱅이라서 노동을 하지 못했고 그 다음에는 환각에 시달리느라 일을 하지 못했다. 여기서 우리는 단지 주정뱅이를 술을 마시지 않는 사람으로 바꿔놓는 것이 옳은 치료는 아니라는 사실을 확인한다. 그의 생활양식을 정확히 찾아내서 바로잡아야 하는 것이다.

  조사한 결과, 이 사람이 어린 시절에 응석받이로 자라면서 언제나 도움을 바라기만 했다는 사실이 확인되었다. 그는 혼자서 독립적으로 일할 준비가 되어 있지 않았으며, 우리가 눈으로 확인한 것이 바로 그 결과였다. 우리는 모든 아이들을 독립적인 존재로 키워야 한다. 우리가 아이들이 자신의 생활양식에 나타나는 실수들을 제대로 이해하도록 만들 때에만 가능한 일이다. 그런 식으로 성장하는 아이는 무엇인가를 하도록 훈련을 받을 것이며, 혹여 잘못한다 하더라도 형제자매들 앞에서는 부끄러워할 이유가 하나도 없을 것이다.

5장
어린 시절의 기억들

원형의 발견

개인의 생활양식의 중요성에 대한 분석을 끝냈다. 이제 우리는 어린 시절의 기억이라는 주제를 살필 것이다. 아마 생활양식을 찾아내는 데 가장 중요한 수단일 것이다. 어릴 적의 기억들을 되돌아봄으로써, 우리는 다른 어떤 방법보다 더 쉽게 원형을, 생활양식의 핵심을 찾아낼 것이다.

아이든 어른이든 어떤 사람의 생활양식을 발견하길 원한다면, 우리는 그의 불평을 조금 들은 뒤에 그에게 옛날 기억을 떠올려달라고 부탁해야 한다. 그런 다음에 그 기억들과 그가 제시하는 다른 사실들을 비교해야 한다. 사람들을 보면 거의 대부분 생활양식이 전혀 바뀌지 않는다. 언제나 똑같은 성격을 가진 똑같은 사람이 있는 것이다. 앞에서 본 것처럼, 생활양식은 우월의 특별한 목표를 추구하려고 노력하는 과정에 형성된다. 그렇기 때문에 우리는 어떤 사람의 모든 말과 행동과 감정을 이 노력의 일부로 생각해야 한다. 간혹 이 노력이 아주 분명하게 표출될 때가 있다. 옛날의 기억에서 이런 현상이 특히 더 자주 나타난다.

그러나 옛날의 기억과 새로운 기억을 지나치게 구분해서는 안 된다. 왜냐하면 새로운 기억에도 역시 그 사람이 노력하는 패턴이 반영되고 있기 때문이다. 그 사람이 어릴 적에 노력하던 방향을 발견하는 것이 더 쉽고 또 더 유익하다. 왜냐하면 초기의 기억일수록 우리가 그 사람의 생활양식이 진정으로 변화하지 않은 이유를 더 쉽게 이해할 수 있기 때문이다. 4세나 5세에 형성된 생활양식에서, 우리는 옛날의 기억과 현재의 행동 사이의 연결을 발견한다. 그래서 이런 종류의 관찰을 많이 하다 보면, 우리는 이 옛날의 기억에서 언제나 환자의 원형의 핵심을 발견할 수 있다는 이론을 신뢰할 수 있게 된다.

어떤 환자가 자신의 과거를 되돌아볼 때, 우리는 그의 기억에 떠오르는 것이면 무엇이든 그에게 정서적으로 중요할 것이라고, 따라서 그의 성격을 풀 어떤 열쇠를 내놓을 것이라고 확신할 수 있다. 잊혀진 기억들도 생활양식과 원형에 중요하다는 점을 부정할 수 없다. 그러나 잊혀진 기억들 혹은 흔히들 부르는 대로 무의식의 기억들을 찾아내는 것은 훨씬 더 어려운 일이다. 의식적인 기억이든 무의식적인 기억이든 같은 우월의 목표를 향해 달린다는 공통점을 갖고 있다. 이 기억들 모두가 전체 원형의 일부를 이루고 있다. 그러므로 가능하다면 의식적 기억과 무의식적 기억을 함께 발견하는 것이 좋다. 의식적 기억과 무의식적 기억은 둘 다 똑같이 중요한 문제에 관한 것이지만, 그 사람 본인은 그 기억의 의미를 이해하지 못한다. 의식적 기억이든 무의식적 기억이든 그 기억의 중요성을 이해하고 해석하는 사람은 제3자이다.

기억의 종류

의식적인 기억부터 논하도록 하자. 어떤 사람들은 옛날의 기억을 떠올려달라고 부탁하면 "하나도 떠오르지 않아요."라고 대답한다. 그런 사람들에게는 특별히 옛날 기억에 집중하며 떠올리도록 노력해달라고 부탁해야 한다. 조금 노력하다 보면, 그들이 무엇인가를 떠올린다는 사실이 확인될 것이다. 그러나 이 망설임은 그들이 어린 시절을 되돌아보고 싶어 하지 않는다는 신호로 받아들여질 수 있다. 그러면 우리는 그들의 어린 시절이 유쾌하지 않았을 수 있다는 결론을 내릴 수 있을 것이다. 우리는 그런 사람을 잘 이끌어야 한다. 우리가 원하는 것을 찾아내기 위해 그들에게 암시를 줘야 한다. 그러면 그들은 결국에는 무엇인가를 기억해낼 것이다.

세상에 태어난 첫 해의 일까지 기억할 수 있다고 주장하는 사람도 있다. 이는 거의 가능하지 않은 일이며, 그것이 진짜 기억이 아니고 공상일 가능성이 크다. 그러나 그 기억이 공상인가 진실인가 하는 문제는 그다지 중요하지 않다. 그것들이 어쨌든 그 사람의 개성의 일부이기 때문이다. 또 어떤 사람들은 자신이 기억한 것인지 자기 부모가 들려준 것인지 잘 모르겠다고 말한다. 이것 역시 진정으로 중요하지 않다. 왜냐하면 그들의 부모가 들려준 기억일지라도 그것이 그들의 마음에 고착되어 있으면서 그들의 관심이 향하고 있는 곳이 어딘지를 들려주고 있기 때문이다.

앞 장에서 설명했듯이, 개인들을 유형으로 분류하면 어떤 목적에 편리하다. 어린 시절의 기억도 유형들로 나눠지며, 유형에 따라서 그 사람이 하게 될 행동을 예상하는 것도 가능하다. 예를 들어 불빛과 선물과 케이크로 장식된 멋진 크리스마스트리를 본 사실을 기억하는 사람을 보자. 이 이야기에서 가장 흥미로운 것은 무엇인가? 그가 보았다는 사실이다. 그가 특별히 본 것을 우리에게 들려주는 이유는 무엇인가? 그가 언제나 시각적인 것에 관심을 두고 있기 때문이다. 그는 시력의 어떤 문제와 싸웠고, 그에 따라서 특별히 훈련을 받았기 때문에 언제나 보는 것에 관심을 보였고 주의를 기울였다. 이것이 그의 생활양식에서 가장 중요한 요소가 아닐 수도 있다. 그러나 그것이 가장 흥미롭고 의미 있는 부분임에는 틀림없다. 그것은 그가 직업을 갖게 되면 눈을 이용하는 직업이 될 것이라는 점을 암시한다.

학교에서 이뤄지는 아이들의 교육은 이런 유형의 원칙을 자주 간과한다. 보는 것에 관심이 많은 까닭에 언제나 무엇인가를 보길 원하며 듣는 것에는 관심을 보이지 않는 아이도 있을 수 있다. 그런 아이의 경우 우리는 인내심을 갖고 아이가 귀를 기울여 듣는 법을 배우도록 훈련시켜야 한다. 학교의 많은 아이들이 한 가지 감각만을 선호한다는 이유로 한쪽 방향으로만 배운다. 그들은 듣거나 보는 것 중 한 가지에만 뛰어날 수 있다. 또 어떤 학생은 언제나 움직이고 활동하는 것을 좋아할 수 있다. 우리는 이 3가지 유형의 아이들에게 똑같은 결과를 기대해서는 안 된다. 만일 교사가 한 가지 방법을, 예를 들어 학생들이 가만히 앉아서 들으며 배우는 방법을 선호한다면, 더더욱 그런 결과를 기대해서는 안 된다. 그런 방법이 동원될 때, 보기를 좋아하는 아이와 행동하기를 좋아하는 아이는 힘들어 하며 발달에 방해를 받게 될 것이다.

간혹 기절하는 고통을 겪은 24세 된 젊은 남자의 예를 보자. 기억을 떠올려달라는 부탁에, 그는 자신이 4세 때 어떤 엔진소리를 듣고 기절했던 기억을 들려주었다. 달리 말하면, 그는 무엇인가를 '들었던' 사람이며 따라서 듣는 것에 관심이 있었다. 여기서 이 젊은이가 훗날 왜 기절을 하게 되었는지에 대해 설명할 필요는 없을 것이다. 어린 시절부터 그가 소리에 매우 민감했다는 사실을 제시하는 것으로도 충분할 것이다. 그는 음악적 소질이 대단했다. 동시에 소음이나 불협화음, 귀에 거슬리는 소리를 참아내지 못했다. 그러므로 그가 엔진 소리의 영향을 매우 강하게 받았음에 틀림없다. 아이나 어른들이 자신을 고통스럽게 만든 것에 관심을 갖는 경우도 종종 있다. 독자 여러분은 앞의 어느 장에서 설명한 천식 환자를 기억할 것이다. 그는 어린 시절에 다쳐서 가슴 부위를 단단히 매어야 했던 탓에 고통을 겪었으며 그 결과 호흡법에 관심을 두게 되었다.

관심을 온통 먹거리에 쏟는 사람도 있다. 어린 시절 초기에 관한 그들의 기억은 먹는 것과 관계있다. 그들에겐 세상에서 가장 중요한 것이 먹는 일인 것 같다. 먹는 방법과 먹을 수 있는 것과 먹을 수 없는 것에 지대한 관심을 쏟는다. 어린 시절에 먹는 것과 관련된 문제가 그 사람에게 먹는 것의 중요성을 크게 강화시킨 경우가 종종 있다.

이제 운동과 걷기와 관계있는 기억의 예를 보자. 매우 많은 아이들이 허약하거나 구루병으로 인해 인생 초반에 제대로 움직이지 못한다는 사실을 우리는 확인할 수 있다. 그들은 동작에 비정상적으로 관심을 보이게 되며 언제나 서두르려 한다. 이 같은 사실을 잘 보여주는 예가 있다.

50세 된 한 남자가 의사를 찾아와 자신이 다른 사람과 함께 길을 건널 때면 언제나 두 사람이 차에 치일지 모른다는 공포로 고통을 받는다고 털어놓았다. 혼자 길을 건널 때면 그는 이런 공포로 힘들어 하는 예가 결코 없었으며 길을 건너면서 대단히 침착할 수 있었다. 그러나 다른 사람과 함께 길을 건널 때면 그에겐 이 사람을 구해야 한다는 생각이 강하게 들었다. 그러면 그는 동행하는 사람의 팔을 잡고 오른쪽 왼쪽으로 당기며 그 사람을 성가시게 하곤 했다. 자주는 아니지만 우리는 이런 사람을 간혹 만난다. 이 사람이 바보 같은 행동을 하는 이유를 분석해보자.

그에게 옛날의 기억을 요구하자, 그는 자신이 3세 때 잘 움직이지 못했으며 구루병으로 힘들어 했다고 설명했다. 그는 길을 건너다가 차에 치인 적이 두 번 있었다. 그래서 어른이 된 지금도 그에겐 이 약점을 극복할 수 있다는 사실을 입증해 보이는 것이 중요했다. 말하자면 그는 자신이 길을 건널 수 있는 유일한 사람이라는 사실을 보여주기를 원했다. 그는 동료와 함께 있을 때면 언제나 그 같은 사실을 증명해보일 기회를 찾았다. 물론 길을 안전하게 건널 수 있다는 사실은 대부분의 사람에게 긍지를 갖거나 다른 사람과 경쟁을 할 그런 것은 절대로 아니다. 그러나 이 환자와 같은 사람들에겐 움직이고 싶은 욕망과 그 능력을 보여주고 싶은 욕망이 꽤 절실할 수 있다.

여기서 다른 예를 보도록 하자. 범죄자의 길로 들어선 어느 소년의 예이다. 그는 물건을 훔치고 학교를 빼먹곤 했다. 그러다 그의 부모가 크게 낙담하는 지경에까지 이르렀다. 그의 초기 기억은 그가 언제나 주변을 돌아다니고 서두르는 것에 관한 것이었다. 그는 아버지와 함께 일하며 하루 종일 앉아서 지내고 있었다. 일의 성격상, 해결책은 그가 세일즈맨, 즉 자기 아버지의 사업을 위해 곳곳을 돌아다니는 사람이 되는 것이었다.

가족의 죽음

어린 시절 기억들 중에서 가장 중요한 유형의 하나는 죽음에 관한 기억이다. 아이들이 가족 중 한 사람이 갑자기 죽는 것을 볼 때, 그 죽음이 그들의 마음에 남기는 흔적은 매우 뚜렷하다. 그런 경험 때문에 아이들이 병을 앓게 되는 경우도 간혹 있다. 또 아이들이 자신의 인생을 죽음의 문제에 바치면서 어떤 형태로든 병과 죽음에 맞서는 일에 몰두하게 되는 경우도 간혹 있다. 우리는 이 아이들 중 많은 아이가 훗날 의학에 관심을 갖는다는 사실을 발견할 것이다. 이 아이들은 의사나 화학자가 될 것이다. 물론 그 목표는 삶의 유익한 면에 속한다. 그들은 죽음에 맞서 투쟁을 벌일 뿐만 아니라 다른 사람들도 그렇게 하도록 돕는다. 그러나 그 원형이 매우 이기적인 관점을 낳는 경우도 간혹 있다. 누나의 죽음에 충격을 강하게 받은 한 아이에게 무엇이 되고 싶은지를 물었다. 그때 우리가 기대한 대답은 의사가 되고 싶다는 것이었다. 그런데 아이는 엉뚱하게도 "무덤 파는 사람이 될 거예요."라고 대답했다. 그 직업을 선택하고 싶은 이유를 물었더니, 아이는 "내가 묻히지 않고 남을 묻는 사람이 되고 싶어서요."라고 대답했다. 이 목표는 삶의 쓸모없는 쪽에 있다는 것을 우리는 잘 안다. 이 소년이 오직 자기 자신에게만 관심을 두고 있기 때문이다.

응석받이의 기억

이제 어릴 때 응석받이로 자란 사람들의 옛 기억을 고려해보자. 어린 시절 기억들은 이 부류의 특징을 매우 분명하게 보여준다. 이런 유형의 아이는 종종 자기 어머니를 언급한다. 자연스런 현상이라 할 수 있지만, 그것은 그가 호의적인 상황을 노려 투쟁을 벌여야 했다는 사실을 보여주는 신호이다. 간혹 어린 시절의 기억들이 상당히 해가 없는 것처럼 보이지만 깊이 분석해보면 반드시 노력한 결실이 얻어진다. 예를 들어, 어떤 남자가 "내가 방에 앉아 있었는데 어머니가 캐비닛 옆에 서 있었다."고 말할 수 있을 것이다. 이 기억은 별로 중요하지 않아 보인다. 하지만 그가 자기 어머니를 언급했다는 사실 자체가 이 기억이 그에게는 매우 중요했다는 점을 보여주는 신호이다. 간혹 엄마가 숨는 경우가 자주 있는데, 그러면 연구는 더 복잡해진다. 우리는 어머니에 대해서는 짐작만 할 수 있을 뿐이다. 문제의 남자가 "여행을 했던 기억이 나요."라고만 말할 수도 있다. 만일 그 여행에 동행한 사람이 누구냐고 묻는다면, 당신은 그 동행이 그의 어머니였다는 사실을 발견할 것이다. 아니면 아이가 "어느 여름날 시골 어딘가에 있었던 기억이 난다."고 말한다면, 우리는 아버지는 도시에서 일을 하고 있었고 엄마가 아이와 함께 있었다고 짐작할 수 있다. 그러면 우리는 아이에게 "너와 같이 있었던 사람은 누구였어?"라고 묻는다. 이런 식으로 우리는 엄마의 숨겨진 영향을 종종 확인한다.

특별한 기억들

간혹 사람들은 다른 모든 것들은 제쳐두고 유독 한 가지에만 관심을 표현하기도 한다. 예를 들어 어떤 아이는 "어느 날 여동생을 돌봐야 했어요. 나는 그녀를 잘 보호해주고 싶었어요. 그래서 내가 그녀를 식탁에 올렸는데 식탁보에 걸려서 그만 여동생이 떨어지고 말았어요."라고 말할 것이다. 그때 이 아이는 겨우 네 살이었다. 물론 아주 어릴 때부터 언니가 동생을 돌보도록 허용되기도 한다. 그러나 그런 조치가 어린 동생을 보호하기 위해 정성을 다 쏟던 언니의 인생에 큰 비극의 씨앗이 될 수도 있다. 이 언니는 자라서 아주 친절한, 거의 순종한다고 말해도 좋을 만한 남편과 결혼을 했다. 그러나 그녀는 언제나 질투를 하고 비판적이었으며, 남편이 자기 아닌 다른 사람을 더 좋아할지도 모른다고 두려워했다. 그런 상황에 처한 남편이 그녀에게 지쳐서 아이들에게로 관심을 돌리게 되는 이유를 우리는 쉽게 이해할 수 있다.

가끔 긴장이 분명히 표현될 때가 있으며, 실제로 사람들은 가족을 해치기를 원했다고, 심지어 죽이고 싶은 생각까지 들었다고 기억한다. 그런 사람들은 자기 자신의 문제에만 관심을 두는 사람들이다. 그들은 다른 사람들을 좋아하지 않는다. 그들은 다른 사람들에게 일종의 경쟁의식을 느낀다. 이 감정은 그 사람의 원형에 이미 존재한다.

이젠 어떤 일이든 결말을 내지 못하는 유형의 사람을 볼 때이다. 우정과 동료애에서 다른 사람이 더 선호되지 않을까 하는 두려움에서나 아니면 다른 사람들이 언제나 자신을 앞지르려고 노력하고 있다는 의심 때문에 일을 마무리 짓지 못하는 사람이 있다. 이런 사람은 다른 사람이 자기보다 빛을 더 강하게 발하거나 선호될 수 있다는 생각 때문에 진정으로 사회의 일원이 되지 못한다. 어떤 직업을 갖든 이 사람은 매우 긴장하게 될 것이다. 이런 태도는 특히 사랑과 결혼과 관련해서 두드러지게 나타난다.

비록 이런 사람을 완전히 치료하지는 못한다 해도, 어린 시절 기억의 연구에 어떤 기술을 동원하면 어느 정도 개선을 이룰 수 있다.

우리의 치료 대상이 되었던 한 사람은 앞의 어느 장에서 어느 날 자기 엄마와 동생과 함께 시장에 간 것으로 소개된 그 소년이었다. 비가 내리기 시작하자, 어머니는 그를 두 팔로 안았다가 금방 동생이 있다는 사실을 알아채고는 그를 내려놓고 동생을 안았다. 이때부터 그는 동생이 선호된다는 느낌을 받았다.

예언적인 분석

만일 이런 옛 기억들을 확보할 수 있다면, 우리는 이미 말한 바와 같이 환자들의 삶에서 뒷날 어떤 일이 일어날 것인지를 예측할 수 있다. 그러나 옛날의 기억은 이유가 아니고 단지 암시에 지나지 않는다는 점을 기억해야 한다. 그것들은 과거에 일어난 일들이 어떤 것이었으며 그 일들이 어떤 식으로 전개되어왔는지를 보여주는 표시들이다. 그것들은 어떤 목적을 향한 움직임을 암시하며, 극복해야 할 장애들이 어떤 것인지를 말해준다. 그것들은 어떤 사람이 인생의 다른 면이 아니고 이쪽 면에 관심을 더 많이 갖게 된 이유를 설명해준다. 우리는 그 사람이 예를 들어 성적인 면으로 큰 충격을 받았을 수 있다는 것을, 따라서 그가 다른 것들에 비해 그런 문제에 특히 관심을 많이 갖게 되었다는 것을 안다. 옛날 기억을 떠올려달라고 부탁할 때, 우리가 환자로부터 성적 경험에 관한 것을 듣는다 해도 놀라서는 안 된다. 어떤 사람들은 어린 시절부터 다른 일보다 성적인 면에 관심을 더 많이 보인다. 성에 관심을 갖는 것은 정상적인 인간 활동의 한 부분이지만, 앞에서 내가 말했듯이, 그 관심도 종류와 정도가 다 다르다. 성에 관한 기억을 들려준 환자가 훗날 그런 방향으로 나아가는 경우도 종종 있다. 그런 사람의 삶은 조화롭지 못하다. 삶의 한 쪽 면만 과도하게 평가되기 때문이다. 모든 것에는 성적 바탕이 있다고 주장하는 사람도 있다. 그런 반면에 위(胃)가 인체에서 가장 중요한 신체기관이라고 주장하는 사람도 있다. 이러한 예들에서도 우리는 어린 시절의 기억이 훗날 삶의 특징과 닮았다는 사실을 발견할 것이다.

  고등학교로 진학하면 어떻게 될 것인지 많은 사람을 궁금하게 만든 소년이 있었다. 이 소년은 끊임없이 움직이기를 원했으며 공부를 하러 한 자리에 차분히 앉아 있는 예가 없었다. 그는 언제나 다른 무엇인가에 대해 생각하고 있었으며, 커피하우스를 자주 들락거리고 친구의 집을 방문했다. 공부를 하고 있어야 할 시간에 말이다. 따라서 그의 옛날 기억을 검사하는 것이 참으로 흥미로운 일이었다. 그는 "요람에 누워서 벽을 바라보았던 기억이 나요. 온갖 꽃과 무늬들이 그려진 벽지도 보였어요."라고 말했다. 그는 시험을 치를 준비는 되어 있지 않고 오직 요람에 누워 지낼 준비만 되어 있었다. 그는 언제나 다른 일에 대해 생각하면서 동시에 두 마리의 토끼를 쫓고 있었기 때문에 공부에 집중하지 못했다. 우리는 그가 응석받이로 자란 아이였으며 혼자서는 일을 제대로 해내지 못했다는 것을 알 수 있다.

  이제는 미움을 받는 아이를 볼 차례이다. 이 유형은 드물고 극단적인 예이다. 만일 어떤 아이가 정말로 인생 초기부터 미움을 산다면, 그는 살아남지 못할 것이다. 그런 아이는 사라지고 말 것이다. 대체로 아이들은 어느 정도 응석을 받아주며 욕망을 만족시켜주는 부모나 보모를 옆에 두고 있다. 우리는 혼외관계에서 태어나거나 범죄자이거나 부모가 원하지 않은 아이들 중에서 미움을 사는 아이들을 발견한다. 또 이런 아이들이 우울중으로 힘들어 하는 경우를 종종 본다. 우리는 그들의 기억에서 미움의 대상이 되었다는 사실을 자주 발견한다. 예를 들어 어떤 남자는 "얻어맞았던 기억이 나요. 엄마가 꾸짖고 비난하기에 도망쳐 나왔어요."라고 말했다. 달아나려다 그 사람은 물에 빠져 죽을 뻔 하기도 했다.

  이 남자가 심리학자를 찾은 것은 그가 자기 집을 떠나지 못했기 때문이다. 우리는 그의 옛날 기억에서 그가 밖으로 나갔다가 대단한 위험에 봉착했다는 사실을 안다. 이것이 그의 기억에 강하게 남아 있었고, 그는 집을 나서면 끊임없이 위험에 대해 생각했다. 그는 영리한 아이였으나 언제나 자신이 시험에서 일등을 하지 못할까 겁을 먹고 있었다. 그래서 그는 망설였으며 무엇이든 지긋이 밀고 나가지 못했다. 그가 마침내 대학교에 들어갔을 때, 그는 자신이 미리 정해진 길로 경쟁하지 못할까 두려워했다. 우리는 이 모든 것이 위험에 관한 그의 옛날 기억에까지 닿는다는 것을 잘 안다.

  하나의 예로 고려될 수 있는 또 다른 환자는 겨우 첫 돌쯤에 부모가 모두 죽은 어느 고아이다. 그는 구루병을 앓았고, 수용시설에 있었기 때문에 보살핌을 적절히 받지 못했다. 아무도 그를 돌보지 않았고, 나중에 그가 친구나 동료를 만드는 것은 매우 어려운 일이었다. 그의 기억을 되돌아보면서, 우리는 그가 언제나 다른 사람이 자기보다 더 선호된다고 느꼈다는 사실을 확인할 수 있다. 이 감정이 그의 발달에 큰 영향을 미쳤다. 그는 언제나 자신이 미움을 사고 있다고 느꼈으며, 이것이 그가 모든 문제에 쉽게 다가서지 못하도록 막았다. 그는 사랑과 결혼, 우정과 직장 같은 삶의 문제와 상황에서 배제되었다. 열등감 때문에 동료들과의 접촉이 요구되는 모든 상황에서 빠진 것이다.

또 다른 흥미로운 예는 언제나 불면증을 호소하고 있던 중년의 남자이다. 그는 46세 내지 48세였으며, 결혼을 했고, 자식도 있었다. 그는 모든 사람에게 매우 비판적이었으며, 특히 자기 가족들에게 독재권력을 행사하려 들었다. 그의 그런 행동은 모두를 비참하게 만들었다.

옛날의 기억을 부탁받자, 그는 싸움을 자주 하는 부모 밑에서 자랐고, 부모는 언제나 싸우며 서로를 윽박질렀다고 불평했다. 그래서 그는 두 사람 모두가 무서웠다. 그는 보살핌을 받지 못해 지저분한 상태로 학교로 갔다. 어느 날 그의 담임선생이 출근을 하지 않아 보조교사가 그의 학급을 맡게 되었다. 이 보조교사는 자신의 일과 그 일의 가능성에 관심이 많았다. 그녀는 가르치는 것이 선하고 고귀한 일이라고 생각했다. 그녀는 부모의 보살핌을 제대로 받지 못하던 이 소년에게서 어떤 가능성을 보았으며 그를 응원하기 위해 밖으로 데려나갔다. 이것이 그의 생애에서 대접을 받은 최초의 기억이었다. 그 이후로 그는 발전을 보이기 시작했다. 그러나 마치 그가 뒤에서 떼미는 힘에 억지로 밀려 앞으로 나가고 있는 것처럼 보였다. 그는 자신이 우월할 수 있다고 진정으로 믿지는 않았다. 그래서 그는 낮 시간에 하루 종일 공부를 하고도 그것으로 모자라는 것 같아 밤이 깊도록 공부했다. 이런 식으로 그는 자신의 일을 위해 밤의 반을 이용하도록 훈련하면서 성장했다. 그렇게 하지 못할 때에는 자신이 해야 하는 일을 놓고 깊이 생각하면서 뜬눈으로 밤을 지새우곤 했다. 그 결과 그는 성취를 이루기 위해선 거의 밤을 꼬박 새워야 한다는 생각에 익숙하게 되었다.

우월하고 싶은 그의 욕망이 훗날 가족을 대하는 태도와 다른 사람들에게 하는 행동에 그대로 반영되고 있었다. 그의 가족은 그보다 약했기 때문에, 그는 가족 앞에서 정복자의 역할을 할 수 있었다. 그의 아내와 아이들은 불가피하게 이런 유형의 행동으로 고통을 받았다.

이 사람의 성격을 대체로 요약하면서, 우리는 그가 우월의 목표를 갖고 있었으며 그 목표는 대단한 열등감에 시달리는 사람의 목표였다고 말할 수 있을 것이다. 이런 목표를 우리는 과로하는 사람들 사이에서 종종 확인한다. 그 긴장은 그들이 자신의 성공에 대해 의심을 품고 있음을 보여주는 신호이며, 그들의 의심은 우월감 콤플렉스에 가려져 있다. 이때 우월감 콤플렉스는 사실상 우월한 척 꾸미는 태도이다. 그들의 어린 시절의 기억을 살피면 이 상황이 의미하는 바가 고스란히 드러난다.

6장
태도와 동작

신체언어

앞 장에서는 어린 시절의 기억과 공상이 그 사람의 숨겨진 생활양식을 밝혀내는 데 이용되는 방법에 대해 설명했다. 어린 시절의 기억에 관한 연구는 성격 연구에 동원되는 여러 방법들 중 하나일 뿐이다. 이 방법들 모두는 부분을 이용하여 전체를 해석해낸다는 원칙에 근거하고 있다. 어린 시절의 기억 외에도 우리는 육체의 움직임과 정신적 태도를 관찰할 수 있다. 육체적 자세와 동작은 심리적 자세의 한 표현이며, 태도는 우리가 생활양식이라 부르는 것을 구성하는, 삶에 대한 전반적 접근법의 한 표현이다.

먼저 신체의 움직임부터 논하도록 하자. 어떤 사람을 평가할 때, 그 사람이 서 있거나 걷거나 움직이거나 자신을 표현하는 방법을 기준으로 삼는다는 것은 모두가 잘 아는 사실이다. 그렇다고 우리가 언제나 사람들을 의식적으로만 판단한다는 뜻은 아니다. 오히려 이런 인상들이 주는 공감과 반감의 감정이 더 강하게 작용한다.

예를 들어 사람들이 서 있는 태도를 보자. 우리는 즉시 아이 혹은 어른이 똑바로 서 있는지 아니면 구부정하게 서 있는지를 본다. 이것은 그다지 어려운 일이 아니다. 특히 그 자세에 과장의 기미가 있는지 유심히 살펴야 한다. 지나치게 곧게 선 사람을 보면 그 사람이 그 자세를 지키기 위해 너무 많은 힘을 쓰는 것이 아닌가 하는 의문이 생긴다. 그러면 우리는 그 사람이 스스로에 대해 겉보기보다 덜 훌륭하다고 느끼며 불만을 품고 있다고 짐작할 수 있다. 이런 사소한 자세를 통해서도 우리는 그가 우월감 콤플렉스를 갖고 있다는 사실을 확인할 수 있다. 그는 용기 있는 것처럼 보이길 원한다. 그는 그렇게 뻣뻣한 자세를 취하지 않았을 때보다 자신을 더 강하게 보이길 원한다.

다른 한편엔 그와 정반대의 자세를 취하는 사람들이 있다. 구부정하게 허리가 굽고 언제나 상체를 웅크리고 있는 사람들이다. 그런 자세는 그들이 겁쟁이라는 점을 어느 정도 암시하고 있다. 그러나 언제나 조심해야 한다는 것이 예술과 과학의 법칙이다. 다른 사항들을 추가로 찾아야 하며, 한 가지 사항만으로 판단하는 일은 절대로 없어야 한다는 뜻이다. 간혹 우리의 판단이 거의 정확하다는 느낌이 들 때도 있다. 그럼에도 우리는 다른 근거를 바탕으로 그 판단을 검증하길 원한다. 우리는 이렇게 묻는다. "상체를 웅크리고 있는 사람들은 반드시 겁쟁이라고 생각해도 괜찮은가? 곤경에 처한 사람들에게서 어떤 자세를 기대할 수 있을까?"

이 연결을 또 다른 관점에서 보기 위해, 우리는 그런 사람들이 언제나 무엇인가에 의지하기를, 예를 들어 탁자나 의자에 기대기를 원한다는 사실을 알아차릴 것이다. 그 사람은 자신의 힘을 믿지 못하고 도움을 받기를 원한다. 이 자세는 구부정하게 선 바로 그 사람의 마음의 태도를 반영한다. 이렇듯 같은 유형의 자세 두 가지가 동시에 나타날 때, 우리의 판단은 다소 확실해진다.

언제나 도움을 받기를 원하는 아이들의 자세는 독립적인 아이들의 자세와 다르다. 아이가 서 있는 자세와 다른 사람에게 다가가는 태도를 보면 그 아이의 독립성이 어느 정도인지 알 수 있다. 이 문제에서는 의문을 품을 필요가 없다. 왜냐하면 우리의 결론을 뒷받침하는 예들이 아주 많기 때문이다. 이 같은 결론에 대한 확증을 확보했기 때문에, 우리는 상황을 바로잡고 아이를 옳은 길로 올려놓을 조치들을 취할 수 있다.

따라서 우리는 도움을 받길 원하는 아이들을 대상으로 실험을 실시할 수 있다. 의자에 아이의 엄마를 앉힌 다음에 아이가

6장 태도와 동작

엄마가 있는 방으로 들어가도록 해 보라. 아이는 그 방의 다른 사람에게는 눈길도 주지 않고 곧장 자기 엄마에게로 달려가 의자에 기대거나 엄마에게 기댈 것이다. 이는 우리가 예상한 바를, 이 아이가 도움을 받기를 원할 것이라는 점을 뒷받침한다.

이 아이가 엄마에게 접근하는 방식에도 주목할 필요가 있다. 왜냐하면 그것이 사회적 관심과 적응의 정도를 보여주기 때문이다. 그것은 타인에 대한 아이의 믿음을 표현하고 있다. 타인에게 접근하기를 원하지 않으면서 언제나 멀찍이 서 있는 사람은 또한 다른 측면에서도 삼가는 태도를 보인다는 사실이 확인될 것이다. 이런 사람은 말도 충분히 하지 않고 터무니없을 만큼 침묵을 지킬 것이다.

모든 인간이 각자 하나의 통합체이고 또 삶의 문제에 그런 통합체로 반응하고 있기 때문에, 우리는 이 모든 것들이 어떤 식으로 똑같은 방향을 가리키는지를 볼 수 있다. 한 예로서 치료를 위해 의사를 찾은 여인을 보자. 의사는 그녀가 자기 옆의 의자에 앉을 것이라고 기대했다. 그러나 의사가 옆의 의자를 권하는데도, 그녀는 굳이 주위를 두리번거리다가 먼 곳의 의자에 앉았다. 이 사람은 단 한 사람하고만 연결되기를 원하는 그런 사람이라고 결론을 내릴 수 있을 것이다. 그녀는 자신이 결혼을 했다고 말했다. 이 말 한마디만으로도 전체 이야기를 짐작할 수 있다. 그녀는 오직 자기 남편하고만 연결되기를 원한다.

또한 그녀는 응석을 부리길 원하고, 자기 남편에게 정시에 퇴근하라고 요구하는 그런 사람일 수 있다. 그녀는 혼자 있으면 대단히 불안해하며 힘들어 하는 사람이었다. 그녀는 혼자서 자기 집을 나서는 것을 싫어하고 다른 사람들과의 만남을 즐기지도 않았다. 요약하면 그녀의 동작 하나만으로도 우리는 전체 이야기를 짐작할 수 있다. 그러나 우리에겐 우리의 이론을 검증하는 방법들이 있다.

그녀는 우리에게 "불안해 죽겠어요."라고 말할 것이다. 이때 만일 그 불안이란 것이 다른 사람을 지배하는 수단으로 이용될 수 있다는 사실을 모른다면, 아무도 그녀의 말을 이해하지 못할 것이다. 만일 어떤 아이나 어른이 불안으로 고통을 받고 있다면, 거기엔 이 아이나 어른을 돕는 사람이 있다고 우리는 짐작할 수 있다.

자유사상가를 자처한 부부가 있었다. 그런 사람들은 서로가 서로에게 자신이 한 짓에 대해 솔직히 털어놓기만 하면 결혼 생활 중에도 자신이 원하는 대로 할 수 있다고 믿는다. 따라서 남편은 혼외관계를 맺고 모든 일을 아내에게 털어놓았다. 아내는 완벽히 만족하는 것 같았다. 그러나 그 후로 그녀는 불안으로 고통을 받기 시작했다. 그녀는 혼자서는 외출을 하지 않으려 했다. 남편이 언제나 그녀와 함께 나가야 했다. 여기서 우리는 자유사상이란 것도 불안이나 공포에 의해 얼마나 쉽게 바뀌는지를 확인할 수 있다.

언제나 집 안에서 벽 가까이 앉거나 벽에 기대려는 사람들이 있다. 이는 그들이 용기가 없거나 독립적이지 않다는 것을 보여주는 신호이다. 그처럼 소심하고 망설이는 사람의 원형을 분석해보자. 매우 수줍어하는 모습으로 학교에 나타나는 소년이 있었다. 이는 그가 다른 사람들과 연결되기를 원하지 않는다는 것을 보여주는 중요한 신호였다. 그는 친구가 하나도 없었고, 언제나 수업이 끝나기만을 고대했다. 그러다 수업이 끝나기만 하면 그는 매우 천천히 계단을 내려갔으며 그렇게 걷다가 학교 담에 닿자마자 거리를 한 번 내려다보고는 곧장 자기 집으로 내달렸다. 그는 언제나 어머니가 있는 집으로 가길 원했다. 과부였던 그의 어머니는 허약했으며 아들의 응석을 많이 받아주고 있었다.

이 환자에 대해 더 많은 것을 이해하기 위해, 의사는 그의 어머니와 면담을 했다. 그가 그녀에게 "아들이 잠 잘 시간이 되면 곧잘 잠을 자는가요?"라고 물었다. 그러자 그녀는 "예."라고 대답했다. "밤에 아들이 울지 않아요?" "아뇨." "오줌을 싸지 않아요?" "아뇨."

의사는 자신이 잘못 했든가 아니면 소년이 잘못되었다고 생각했다. 그러면서 의사는 소년이 자기 어머니와 같은 침대에서 잠을 자는 것이 분명하다고 결론을 내렸다. 어떻게 이런 결론에

도달했을까? 밤에 우는 것은 어머니의 주의를 끌기 위한 것이다. 만일 그가 어머니의 침대에서 잠을 잔다면, 밤에 우는 짓 따위는 필요하지 않을 것이다. 마찬가지로 오줌을 사는 것도 어머니의 주의를 끌기 위한 것이다. 의사의 예상은 그대로 적중했다. 소년은 밤에 자기 어머니와 같은 침대에서 잤던 것이다.

만일 세심히 관찰한다면, 심리학자들이 주의를 기울이는 사소한 모든 것들이 일관된 삶의 계획의 한 부분이라는 것이 확인될 것이다. 따라서 그 목표를, 이 아이의 경우에 항상 자기 엄마와 함께 있겠다는 목표를 확인할 수 있을 때, 우리는 대단히 많은 결론을 내릴 수 있다. 이런 방법을 통해서 우리는 어떤 아이의 의지가 약한지 여부까지 알아낼 수 있다. 의지가 약한 아이는 지적인 삶의 계획을 마련하지 못할 것이다.

정신자세

이제는 사람들 사이에 뚜렷이 구분되는 정신자세를 보자. 어떤 사람들은 다소 싸우길 좋아한다. 그런 한편 배를 포기하길 원하는 사람도 있다. 그러나 진정으로 포기하길 원하는 사람은 절대로 없다. 그것은 불가능한 일이다. 왜냐하면 그것은 인간의 본성을 넘어서는 일이기 때문이다. 정상적인 존재는 포기할 수 없다. 만일 자신을 포기하려는 듯 보인다면, 그것은 인생을 더욱 치열하게 살겠다는 결의를 암시하는 성격이 강하다.

6장 태도와 동작

언제나 포기하길 원하는 유형의 아이가 있다. 이 때문에 그는 언제나 가족의 초점에 서 있다. 모두가 그를 보살피며 앞으로 밀어주며 타이른다. 그는 인생에서 언제나 도움을 받아야 하며, 타인들에게 언제나 부담이다. 이는 그의 우월의 목표이다. 그는 다른 사람들을 지배하고 싶은 욕망을 이런 식으로 표현하고 있다. 이런 우월의 목표는 당연히 앞에서 보여 준대로 열등감 콤플렉스의 산물이다. 만일 자신의 힘에 의문을 품지 않았다면, 그는 성공을 획득하기 위해 이런 쉬운 길을 취하지 않았을 것이다.

이 같은 특징을 잘 보여주는 17세 소년이 있었다. 그는 장남이었다. 맏이는 동생이 태어나서 형의 왕관을 대신 차지하고 가족의 관심의 초점이 될 때 대체로 어떤 비극을 경험한다는 사실을 우리는 이미 보았다. 이 소년도 그런 예였다. 그는 의기소침해 했으며, 심술을 부리고, 직업이 없었다. 그러던 어느 날 그가 자살을 기도했다. 직후 그는 의사를 찾아 자신이 자살을 시도하기 전에 어떤 꿈을 꾸었다고 설명했다. 그는 자기 아버지를 총으로 쏘는 꿈을 꾸었다. 우리는 이런 사람, 즉 우울해 하고 게으르고 움직이지 않으려 드는 사람이 여차 하면 위험한 길로 빠져들 수 있다는 것을 안다. 또한 학교에서 빈둥거리는 어린이들과 어떠한 것도 하지 않으려는 성인들이 위험의 경계에 서 있다는 것도 안다. 빈둥거리는 태도가 겉으로만 그런 경우가 종종 있다. 그러다 보면 무슨 일이 일어나고, 자살을 시도하거나 다른 신경증적 조건이나 광기가 나타날 것이다. 그런 사람들의 정신자세를 과학적으로 확실히 밝히는 것은 간혹 매우 힘든 과제이다.

아이의 수줍음도 위험한 문제이다. 수줍음을 많이 타는 아이는 조심스럽게 대해야 한다. 그러면서 수줍음을 바로잡아 주어야 한다. 그렇게 하지 않으면 수줍음이 아이의 인생을 망칠 수도 있다. 수줍음이 바로잡아지지 않으면, 아이는 언제나 대단한 어려움을 겪게 될 것이다. 왜냐하면 우리의 문화에서는 모든 것이 너무나 확고하게 정착되어 있기에 용기 있는 사람들만이 좋은 결과를 얻고 삶의 열매를 누리게 될 것이기 때문이다. 만일 어떤 사람이 용기가 있는 상태에서 패배를 당하게 된다면, 그는 그다지 상처를 입지 않을 것이다. 그러나 수줍음을 타는 아이라면 곤경을 직면하는 순간 인생의 쓸모없는 면으로 달아날 수도 있다. 이런 아이들은 훗날 신경증 환자가 되거나 광인이 될 것이다.

우리는 그런 사람들이 비굴한 모습으로 여기저기 기웃거리며 돌아다니는 모습을 본다. 다른 사람들과 함께 있을 때, 그들은 말을 더듬거나 말을 하지 않을 것이다. 아니면 아예 사람들을 피하기도 할 것이다.

개인적 특성의 발달

지금까지 묘사한 특성들은 정신자세들이다. 그것들은 타고 나거나 물려받는 것이 아니고, 어떤 상황에 대한 반응들이다. 내가 어떤 문제를 지각하고 그 지각에 대해 나의 생활양식이 반응하는 것이 곧 나의 특성이다. 물론 이 반응은 언제나 철학자가 원할 그런 논리적인 대답은 아니다. 나의 어린 시절의 경험과 실수들이 나를 훈련시킨 결과 내가 내놓게 된 것이 그런 대답인 것이다.

우리는 정상적인 어른보다는 아이나 비정상적인 어른을 통해서 이런 정신자세가 다듬어지는 과정과 정신자세의 기능들을 더 잘 볼 수 있다. 앞에서 본 바와 같이, 원형 단계의 생활양식이 그 뒤의 생활양식보다 훨씬 더 명료하고 훨씬 더 단순하다. 사실 원형의 기능을 앞으로 모든 것을, 말하자면 비료와 물과 영양분과 공기를 흡수시키게 될 익지 않은 과일에 비유할 수 있을 것이다. 이 모든 것들은 원형의 전개 과정에 이용될 것이다. 원형과 생활양식의 차이는 익지 않은 열매와 익은 열매의 차이와 비슷하다. 인간에게 있어서 익지 않은 열매의 단계가 깨부수고 조사하기가 훨씬 더 쉽다. 그러나 거기서 얻어지는 것은 익은 열매의 단계에도 대부분 그대로 유효하다.

예를 들어서 우리는 인생 초기에 겁쟁이인 아이들이 모든 태도에서 이 소심함을 어떤 식으로 표현하는지를 볼 수 있다. 소심한 아이와 공격적이고 호전적인 아이 사이에는 대단한 차이가 있다. 호전적인 아이는 언제나 상식 수준 이상의 용기를 어느 정도 갖고 있다. 그러나 가끔 매우 소심한 아이가 어떤 특별한 상황에서 영웅처럼 보이기도 한다. 소심한 아이가 첫 번째 자리를 차지하려고 교묘하게 노력할 때마다, 이런 현상이 나타난다. 수영을 할 줄 모르는 어떤 소년의 예에서 이것이 명쾌하게 나타난다. 어느 날 소년은 함께 수영을 하자는 친구들을 따라 수영을 하러 갔다. 물은 아주 깊었고, 소년은 헤엄을 치지 못해 거의 익사할 뻔했다. 물론 이는 진정한 용기가 아니며 삶의 쓸모없는 면에 속하는 만용이다. 소년이 그런 짓을 한 것은 단순히 또래들로부터 감탄의 소리를 듣기 위해서였다. 그는 자신이 처할 위험까지 무시하며 다른 사람이 자신을 구해줄 것이라고 막연히 기대했다.

운명의 주인

용기와 겁의 문제는 심리학적으로 운명에 대한 믿음과 밀접히 연결되어 있다. 운명에 대한 믿음은 유익한 행동을 하는 능력에 영향을 미친다. 자신은 모든 것을 할 수 있다는 그런 우월감에 빠진 사람들이 있다. 그들은 모든 것을 알고 있다고 생각하며, 그렇기 때문에 아무것도 배우려 들지 않는다. 그런 생각의 결과를 우리 모두 잘 알고 있다. 학교에서 이런 식으로 느끼는 아이들은 대체로 성적이 떨어진다. 그런 한편 언제나 위험한 짓만 골라서 하는 사람들도 있다. 그들은 자신에게는 어떠한 일도 일어나지 않는다고, 어떠한 패배도 일어나지 않는다고 느낀다. 그런데 그 결과가 나쁜 쪽일 때가 너무 자주 있다.

무엇인가 무서운 일이 자신의 인생에 일어났는데도 아무런 해를 입지 않은 사람들 사이에 이런 운명예정설 같은 것을 믿는다는 느낌이 감지된다. 예를 들어, 사람들이 어떤 중대한 사건 현장에 있었는데도 죽지 않는 경우가 있다. 그 결과 그들은 자신에게는 보다 높은 목적이 운명으로 지워져 있다고 느낀다. 그런 감정을 느끼고 있다가 어떤 일을 했는데 기대와 어긋나는 결과가 나타나면 금방 용기를 잃고 우울증에 빠지는 사람도 있다. 그 사람의 가장 강력한 버팀목이 무너져내린 탓이다.

그 사람에게 어린 시절의 기억을 떠올려달라고 부탁하자, 그는 매우 의미 있는 경험을 들려주었다. 그는 빈의 어느 극장에 갈 예정이었으나 갑자기 앞서 어딘가를 들러야 할 일이 생겼다. 그 일을 끝내고 그가 극장에 도착했을 때에는, 극장이 불에 타 허물어져 내린 뒤였다. 모든 것이 끝났지만 그는 구원을 받았다. 이런 경험을 한 사람이 자신에 대해 보다 고귀한 일을 할 운명을 타고났다고 느끼는 이유를 누구나 쉽게 이해할 것이다. 그 후로도 모든 것이 잘 돌아갔다. 그러다가 그가 아내와의 관계에서 패배를 경험하게 되었다. 그 일로 그는 그만 쓰러지고 말았다.

운명론에 대한 믿음이 무엇을 의미하는가에 대해서는 많은 말과 글이 가능할 것이다. 그 믿음은 개인뿐만 아니라 민족과 문명에도 영향을 미친다. 그러나 우리는 심리적 기능과 생활양식과 관련해서만 지적하고 싶다. 운명예정설에 대한 믿음은 유익한 측면으로 활동하고 노력해야 할 임무로부터의 소심한 도피이다. 그렇기 때문에 그것은 그릇된 토대이다.

부러움과 질투

동료들과의 관계에 영향을 미치는 기본적인 정신자세의 하나가 부러움이다. 그런데 부러워하는 것은 열등의 한 신호이다. 정말로, 우리 모두는 내면에 어느 정도의 부러움을 갖고 있다. 약간의 부러움은 전혀 해를 끼치지 않으며 아주 정상이다. 그러나 부러움은 인생에 유익하게 작용해야 한다. 부러움이 일과 지속적 노력, 문제해결의 결과를 낳을 수 있어야 한다는 뜻이다. 그런 경우라면 부러움은 절대로 쓸모없는 것이 아니다. 그런 이유로 우리는 모두에게서 발견되는 약간의 부러움을 묵인해야 한다.

반면에 질투는 훨씬 더 어렵고 위험한 정신자세이다. 유익하게 쓰일 수가 결코 없기 때문이다. 질투심에 불타는 사람이 유익한 경우는 절대로 없다.

게다가, 우리는 질투에서 깊은 열등감의 결과를 본다. 질투심이 많은 사람은 파트너를 지키지 못하는 자신의 무능력을 두려워한다. 그러다 파트너에게 어떤 식으로든 영향력을 행사하려 드는 순간, 그 사람은 질투심을 표출시키면서 자신의 허약을 드러내고 만다. 만일 이런 사람의 원형을 들여다본다면, 우리는 거기서 박탈감을 확인하게 될 것이다. 사실 질투심 강한 사람을 만날 때마다, 그의 과거를 깊이 들여다보면서 혹시 이 사람이 '왕관을 잃은' 경험이 있어서 또 다시 왕관을 잃게 되지 않을까 걱정하는 사람이 아닌지 확인하는 것이 바람직하다.

남성성 추구

부러움과 질투의 전반적인 문제에서 이제 매우 특이한 유형의 부러움으로 넘어간다. 여성이 남성의 우월적인 사회적 지위를 부러워하는 정신자세로 말이다. 남자가 되기를 원하는 여자들과 소녀들이 자주 보인다. 이런 태도는 충분히 이해가 된다. 왜냐하면 세상사를 공평한 시각으로 본다면, 우리 문화권에서는 남자들이 언제나 앞서고 있다는 사실이 확인되기 때문이다. 남자들이 언제나 여자들보다 더 높이 평가받고, 더 중요하게 여겨지고, 더 존경을 받는다. 도덕적으로 이는 옳지 않으며 바로잡아야 한다. 오늘날 소녀들은 가족 중에서도 남자들이 훨씬 더 편한 생활을 하고 사소한 일로 힘들어하지 않는다는 사실을 자신의 두 눈으로 보고 있다. 소녀들은 남자가 여러 모로 더 자유롭다는 것을 확인하고 있다. 남성의 이런 폭넓은 자유가 여성들로 하여금 자신의 역할에 불만을 품도록 만들고 있다. 그래서 소녀들은 소년처럼 행동하려고 노력한다. 이 같은 소년 모방은 여러 길로 나타날 수 있다. 예를 들어 소녀들이 소년처럼 옷을 입으려고 노력하고 있으며, 이 점에 있어서는 소녀들은 가끔 부모들의 지지를 얻고 있다. 소년들의 옷이 확실히 더 편하기 때문이다. 상당수의 이런 행동은 유익하며 말릴 필요가 없다. 그러나 쓸모없는 태도도 일부 있다. 소녀가 여자의 이름이 아닌 남자의 이름으로 불리길 원하는 것이 그런 예이다. 그런 소녀들은 다른 사람들이 자신이 선택한 남자 이름을 불러주지 않으면 화를 대단히 크게 낸다. 만일 이 태도가 단순한 익살이 아니고 표면 아래의 무엇인가를 반영하는 것이라면, 그것은 매우 위험하다. 그런 경우라면 이 태도는 훗날 성역할에 대한 불만과 결혼에 대한 혐오로, 결혼을 한다면 여자의 역할에 대한 혐오로 나타날 것이다.

여자들이 짧은 옷을 입는 것은 문제가 되지 않는다. 그것이 편하기 때문이다. 여자들이 또한 여러 길로 남자와 같은 발달의 과정을 거치고 남자들과 같은 일을 갖는 것 또한 적절하다. 그러나 그들이 여성의 역할에 불만을 품고 남자들의 악덕을 택하는 것은 위험하다.

이런 위험한 성향은 청년기에 나타난다. 왜냐하면 원형이 타락하는 때가 바로 이때이기 때문이다. 소녀들의 미성숙한 정신이 소년들의 특권을 질투하게 된다. 그것이 소년들에 대한 모방으로 나타난다. 이렇게 되면 그것은 우월감 콤플렉스이며, 적절한 발달로부터의 도피이다.

앞에서 말한 바와 같이, 이는 사랑과 결혼에 대한 혐오로 이어질 수 있다. 우리 문화에서는 결혼을 하지 않는 것이 결함의 신호로 받아들여지기 때문에, 결혼을 혐오하는 마음을 가진 소녀들이 결혼하기를 원하지 않는다는 뜻은 아니다. 결혼에 관심이 없는 소녀들조차도 결혼하기를 원한다.

평등의 원칙에 근거하여 성역할의 바탕을 마련해야 한다고 믿는 사람은 여성의 "남성성 추구"를 고무하지 말아야 한다. 성의 평등은 세상의 자연스런 질서와 맞아떨어져야 하는데, "남성성 추구"는 현실에 대한 맹목적 반란이며 따라서 우월감 콤플렉스이다. 사실 남성성 추구로 인해 모든 성 기능들이 방해를 받을 수 있다. 많은 심각한 징후들이 나타날 수 있다. 만일 이 징후들을 거슬러 올라간다면 우리는 그 조건이 어린 시절에 시작되었다는 사실이 확인될 것이다.

소년이기를 원하는 소녀의 예만큼 자주 있는 것은 아니지만, 우리는 또한 소녀처럼 되기를 원하는 소년도 만난다. 그는 정상적인 소녀를 모방하길 원하는 것이 아니라 과장된 몸짓을 하며 돌아다니는 유형의 소녀를 모방한다. 그런 소년들은 분을 바르고, 꽃을 꽂고, 천박한 소녀처럼 행동하려 노력한다. 이것 또한 우월감 콤플렉스의 한 형태이다.

그런 소년들을 보면 실제로 여자가 우두머리인 환경에서 자란 예가 많다. 그 결과 소년은 아버지의 특징이 아니라 어머니의 특징을 모방하며 자랐다.

어떤 성적인 문제로 상담을 하러 온 소년이 있었다. 그는 자신이 어머니와 언제나 함께 있게 된 이야기를 들려주었다. 아버지는 그의 집에서는 있으나마나 한 존재였다. 그의 어머니는 결혼하기 전에 양재사였으며 결혼한 뒤에도 그 일을 계속했다. 언제나 그녀 가까이 있던 소년은 그녀가 만든 것들에 관심을 보였다. 그는 여성들의 옷을 디자인하기도 하고 바느질을 하기도 했다. 그가 겨우 4세에 시계를 보는 법을 배웠다는 사실에서도 그가 엄마에게 쏟은 관심이 어느 정도였는지 짐작할 수 있을 것이다. 그의 어머니가 매일 4시에 나가서 5시에 돌아왔기 때문이다. 어머니가 돌아오는 것을 보는 즐거움에 자극을 받아, 그는 시계 보는 법을 일찍부터 배웠다.

뒷날 학교에 입학했을 때에도 그는 소녀처럼 행동했다. 그는 운동이나 놀이에는 전혀 참가하지 않았다. 소년들은 그런 그를 놀렸고, 그런 경우에 늘 그렇듯 아이들은 그에게 입을 맞추기까지 했다. 어느 날 학생들이 연극을 해야 했다. 쉽게 상상할 수 있듯, 이 소년이 소녀의 역할을 맡았다. 그가 소녀 역의 연기를 얼마나 잘했던지, 많은 관중은 그가 소녀라고 생각했다. 어느 관중은 심지어 그에게 반하기까지 했다. 이런 식으로 이 소년은 자신이 남자로서 크게 평가를 받지 못해도 여자로서 어느 정도 평가를 받을 수 있겠다고 판단했다. 이것이 훗날 그의 성적인 문제의 기원이었다.

7장
꿈과 꿈의 해석

꿈의 삶

개인 심리학에서는 의식과 무의식이 하나의 통합체를 이룬다. 앞에서 여러 대목에서 설명한 그대로이다. 2개의 장에 걸쳐서 우리는 의식의 요소들, 즉 기억과 태도와 동작을 그 개인의 일부로 해석했다. 이제 똑같은 해석의 방법을 무의식적 혹은 반(半)의식적 삶에, 즉 꿈의 삶에 적용할 것이다. 의식에 적용한 방법이 그대로 유효한 이유는 꿈의 삶도 깨어 있는 삶만큼이나 확실하게 통합체의 한 부분을 이루고 있기 때문이다. 꿈의 삶은 깨어 있는 삶 그 이상도 아니고 그 이하도 아니다. 다른 심리학 학파의 추종자들은 꿈과 관련하여 새로운 관점을 발견하려고 끊임없이 노력하고 있다. 그러나 꿈에 대한 개인 심리학의 이해는 정신의 다른 부분들에 대한 이해와 똑같은 길을 밟으며 발달해왔다.

깨어 있는 삶이 우월의 목표에 의해 결정된다는 사실을 우리는 앞에서 보았다. 그것과 마찬가지로, 꿈들도 개인의 우월의 목표에 의해 결정된다는 것을 보게 될 것이다. 꿈은 언제나 생활양식의 한 부분이며, 우리는 늘 꿈에서 그 사람의 원형을 발견한다. 사실 당신이 꿈을 진정으로 이해했다고 확신할 수 있는 때는 그 원형이 구체적인 꿈과 어떤 식으로 연결되어 있는지를 파악할 수 있을 때뿐이다. 또한 당신이 어떤 사람을 잘 안다면, 당신은 그 사람이 꾸는 꿈의 특징을 거의 짐작할 수 있다.

인간은 대체로 겁쟁이라는 사실에 대한 우리의 지식을 예로 들어보자. 이 일반적인 사실을 근거로 우리는 가장 흔한 꿈들이 공포와 위험과 불안에 관한 것이라고 짐작할 수 있다. 그렇기 때문에 만일 우리가 아는 어떤 사람의 목표가 인생의 문제들을 회피하는 쪽이라면, 우리는 그가 추락하는 꿈을 자주 꿀 것이라고 짐작할 수 있다. 그런 꿈은 그에게 보내는 일종의 경고이다. "계속하지 마라. 계속하다간 패배할 것이다." 그는 미래에 대한 관점을 이런 식으로, 말하자면 추락으로 표현하고 있다. 사람들의 대다수가 추락하는 꿈을 꾼다.

아주 특별한 예가 시험을 쳐보지도 않고 포기하는 학생이다. 이 학생에게 어떤 일이 벌어질 것인지는 우리 모두 짐작할 수 있다. 이 학생은 하루 종일 걱정할 것이고, 그러다 보면 정신을 집중하지 못할 것이며, 마침내 자신에게 이렇게 말할 것이다. "시간이 너무 짧아." 그는 시험을 연기하길 원한다. 그의 꿈은 추락하는 꿈이 될 것이다. 이 꿈은 그의 생활양식을 표현하고 있다. 왜냐하면 자신의 목표를 달성하기 위해선 그가 그런 식으로 꿈을 꾸어야 하기 때문이다.

다른 학생을 예로 들어 보자. 성적을 높이고 있고, 용기가 있기에 두려워하지 않으며 핑계를 댈 줄 모르는 학생이다. 우리는 이 학생의 꿈도 짐작할 수 있다. 시험을 치기 전에, 이 학생은 높은 산을 올라가 정상에 서서 눈앞으로 활짝 펼쳐지는 경치에 황홀해하는 꿈을 꾸다가 잠에서 깨어날 것이다. 이는 이 학생의 현재 삶의 모습을 표현한 것이며, 우리는 이 꿈이 그의 성취 목표를 어떻게 반영하고 있는지를 볼 수 있다.

이번에는 스스로를 제한하는 사람이 있다. 일정한 지점까지만 나아갈 수 있는 사람이다. 이런 사람은 한계에 관한, 말하자면 사람들이나 곤경에서 빠져나올 수 없는 상황에 관한 꿈을 꾼다. 이런 사람은 종종 쫓기는 꿈을 꾼다.

또 다른 유형의 꿈을 논하기 전에, 여기서 심리학자는 누군가가 자신에게 이렇게 말해도 절대로 낙담하지 않는다는 점을 지적하고 넘어가는 것이 유익할 것 같다. "나에겐 들려줄 꿈이 없어요. 기억이 안 나요. 그래서 몇 가지 꿈을 짜깁기해야겠어요." 심리학자는 이 사람의 공상도 그의 생활양식을 벗어날 수 없다는 것을 잘 알고 있다. 그가 꾸며낸 꿈들도 그가 기억하고 있는 꿈들만큼이나 유효하다. 이는 그의 상상과 공상도 그의 생활양식의 표현이기 때문이다.

공상이 그 사람의 진짜 동작을 그대로 베껴야만 그의 생활양식을 표현하는 것은 아니다. 예를 들어 우리는 현실보다 공상에 더 깊이 빠져 지내는 유형의 사람을 발견한다. 그는 낮의 현실에서는 매우 소심하지만 꿈에서는 상당히 용감해지는 유형이다. 그러나 우리는 현실 속의 그에게서 그가 자신의 일을 마무리 짓길 바라지 않는다는 점을 암시하는 징후를 언제나 발견할 것이다. 이런 징후는 다소 용맹스런 그의 꿈에도 꽤 명백하게 드러날 것이다.

꿈의 목적

언제나 우월의 목표로 향하는 길을 닦는 것이 꿈의 목적이다. 말하자면 한 개인이 우월의 목표를 이룰 수 있는 길을 제시하는 것이 꿈의 목적인 것이다. 어떤 사람의 모든 징후와 동작과 꿈은 그 사람이 이 중요한 목표를 발견할 수 있도록 하는 훈련의 한 형태이다. 이 목표는 관심의 초점이 되든가 아니면 지배를 하든가 도피하는 것일 수도 있다.

꿈의 목적은 논리적으로 표현되지도 않고 사실대로 표현되지도 않는다. 꿈은 어떤 기분이나 분위기나 감정을 일으키기 위해 존재한다. 그리고 꿈의 불분명한 부분을 몽땅 파헤치고 분석하는 것은 불가능하다. 그러나 이 점에서 보면 꿈은 깨어 있는 삶과 깨어 있는 삶의 활동과 그 정도와 범위에서만 다를 뿐 그 성격에서는 다를 게 하나도 없다. 우리는 정신이 삶의 문제에 어떻게 대답하는가 하는 문제는 그 사람 본인의 개인적 삶의 계획과 관계가 있다는 것을 보았다. 그래도 정신의 대답은 기존의 논리의 틀을 따르지 않는다. 사회적 교류의 향상이라는 목표를 위해, 이 대답들이 논리의 틀을 조금이라도 더 따르게 만드는 것이 우리의 목적임에도 불구하고 말이다. 꿈은 감정의 추가적 표현이며 또한 우리가 깨어 있는 삶에서 발견하는 사실과 감정의 결합이다.

역사적으로 볼 때, 꿈은 언제나 원시인들에게 매우 신비해 보였다. 원시인들은 대체로 꿈을 예언적으로 해석했다. 꿈들은 다가올 사건들에 대한 예언으로 여겨졌다. 이 대목에서 보면 꿈을 보는 원시인들의 태도는 반만 맞았다. 꿈들이 그 꿈을 꾸는 사람이 직면하고 있는 문제들과 그 사람이 성취하길 바라는 목표를 연결하는 다리라는 것은 맞는 말이다. 꿈이 이런 식으로 맞아떨어지는 경우가 자주 있을 것이다. 왜냐하면 꿈을 꾸는 사람이 꿈을 꾸는 동안에 자신을 훈련시키게 될 것이며, 따라서 그 꿈이 현실로 나타나도록 준비시키는 결과가 되기 때문이다.

달리 표현하면, 깨어 있을 때의 삶에서 일어난 상호연결이 꿈에서도 똑같이 이뤄진다는 뜻이다. 만일 어떤 사람이 예리하고 똑똑하다면, 그 사람은 깨어 있을 때의 삶이나 꿈의 삶을 분석하여 미래를 예측할 수 있다. 이 사람이 하는 것은 의사가 진단을 하는 것이나 마찬가지이다. 예를 들어 어떤 사람이 지인이 죽는 꿈을 꾸었는데 마침 그 사람이 죽는다면, 이것은 그 지인의 의사나 가까운 친척이 예측하는 것과 다를 바가 없다. 이 꿈을 꾼 사람은 깨어 있는 삶의 동안에가 아니라 잠을 자는 동안에 생각한 것이다.

꿈에 반쯤 진실이 담겨 있다는 이유로, 꿈을 예언적으로 보는 것은 하나의 미신이다. 대체로 다른 미신들을 믿는 사람들이 꿈의 예언적 측면에 집착한다. 그렇지 않으면 자신이 예언가라는 인상을 줌으로써 비중 있는 인물이 되고자 노력하는 사람들이 꿈의 그런 측면에 매달릴 것이다.

예언적인 미신과 꿈을 둘러싸고 있는 신비를 버리기 위해, 우리는 대부분의 사람들이 자신의 꿈을 이해하지 못하는 이유를 설명해야 한다. 그 설명은 깨어 있는 삶의 시간에도 자기 자신을 아는 사람이 거의 없다는 사실로도 가능할 것이다. 자신이 어디로 향하고 있는지를 볼 수 있을 만큼 성찰적인 자기분석의 힘을 부여받은 사람은 거의 없다. 꿈의 분석은 깨어 있을 때의 행동을 분석하는 작업보다 훨씬 더 복잡하고 더 모호하다. 따라서 꿈의 분석이 대부분의 사람들의 능력 밖에 있는 것은 전혀 놀라운 일이 아니다. 또한 사람들이 꿈에 담긴 내용에 대해 무지한 나머지 돌팔이에게로 눈을 돌리는 것도 이상할 게 하나도 없다.

꿈의 논리

꿈을 깨어 있을 때의 정상적인 삶과 비교하지 않고 우리가 앞의 여러 장에서 지극히 개인적인 논리의 표현으로 묘사한 그런 유형의 현상과 비교한다면, 꿈의 논리를 이해하기가 한결 더 쉬워질 것이다. 독자 여러분은 우리가 범죄자와 문제아와 신경증 환자의 태도를 어떤 식으로 설명했는지 기억하고 있을 것이다. 또 그런 사람들이 자신에게 어떤 사실을 확신시키기 위해 감정과 기질 혹은 기분을 어떤 식으로 창조해내는지를 알고 있을 것이다. 한 예로 살인자는 "이런 사람이 살아갈 땅은 없어. 그래서 내가 그를 죽여야 했어."라고 말함으로써 자신을 정당화한다. 마음속으로 지구는 그런 인간이 살아야 할 만큼 땅이 넓지 않다는 관점을 강조함으로써, 이 살인자는 자신이 살인을 저지르게 할 어떤 감정을 스스로 창조해낸다.

이런 범죄자들은 또한 어떤 사람은 멋진 바지를 입고 있는데 자신은 그렇지 못하다는 식으로 추론할 수도 있을 것이다. 그는 그 상황에 자신이 시기심을 느끼게 만들 어떤 가치를 부여한다. 그의 우월의 목표는 멋진 바지를 갖는 것이 될 것이고, 우리는 그가 그 목표를 성취하게 할 어떤 감정을 만들어내는 꿈을 꾸고 있다는 것을 확인하게 될 것이다. 우리에게 널리 알려진 꿈들에서도 사실 이런 일이 벌어지고 있다. 예를 들면 성경에 나오는 요셉의 꿈이 있다. 그는 다른 모든 사람들이 자기 앞에서 허리를 굽실거리는 꿈을 꾸었다. 지금 우리는 이 꿈이 다양한 색깔의 외투에 얽힌 에피소드와 그의 형제들로부터의 추방과 어떤 식으로 맞아떨어지는지를 알 수 있다.

잘 알려진 또 다른 꿈으로 소아시아로 강연 초대를 받았던 그리스 시인 시모니데스의 꿈이 있다. 그는 자신을 태워갈 배가 항구에서 기다리고 있음에도 불구하고 계속 망설이면서 여행을 미뤘다. 친구들이 나서서 그가 여행을 떠나도록 설득했으나 아무런 소용이 없었다. 그런 상황에서 그가 어떤 꿈을 꾸었다. 언젠가 숲에서 본 적이 있는 어떤 사자(死者)가 그에게 나타나서 "자네가 숲에서 경건하게 나를 잘 보살펴 주었기에 경고하는 바인데, 소아시아로 가지 말게나."라고 말했다. 시모니데스는 벌떡 일어나 "가지 않겠어."라고 말했다. 그러나 그는 그 꿈을 꾸기 전에 이미 가지 않는 쪽으로 마음을 굳히고 있었다. 그는 단지 자신이 이미 내린 결론을 뒷받침할 감정이나 기분을 창조해냈을 뿐이다. 그가 자신의 꿈을 이런 식으로 이해하지는 못했겠지만 어쨌든 실상은 그렇다.

이런 식으로 이해한다면, 사람이 자기기만의 목적을 위해 어떤 공상을 창조하는 것이 분명하다. 이 공상은 그 사람이 바라는 감정이나 기분을 일으킨다. 이런 식으로 꿈을 해석하면 많은 꿈이 쉽게 풀린다.

시모니데스의 꿈을 생각하면서, 우리는 꿈의 또 다른 측면을 보게 된다. 꿈을 해석하는 절차를 확인할 수 있는 것이다. 먼저 꿈은 그 사람의 창조력의 일부라는 점을 명심해야 한다. 시모니데스는 꿈을 꾸면서 자신의 공상을 이용하여 하나의 장면을 엮어냈다. 그는 죽은 사람을 우연히 보게 된 사건을 이용했다. 이 시인이 그 많은 경험 중에서 하필 죽은 사람과의 경험을 택한 이유는 무엇일까? 틀림없이 그가 배를 타고 여행을 해야 한다는 생각 때문에 죽음에 관심을 쏟고 있었기 때문일 것이다. 그 시대에 항해를 한다는 것은 정말로 위험한 일이었다. 그래서 그도 망설였다. 그것은 그가 뱃멀미만 걱정한 것이 아니라 배가 침몰할 수도 있다는 걱정까지 했다는 신호이다. 죽음이라는 생각에 사로잡혀 있었던 결과, 그의 꿈은 죽은 사람과 얽힌 일화를 선택했다.

꿈을 이런 식으로 고려한다면, 꿈을 해석하는 작업이 그다지 어렵지 않게 된다. 우리는 이미지나 기억, 공상의 선택이 마음이 움직이고 있는 방향을 암시한다는 점을 기억해야 한다. 이 선택이 언제나 꿈을 꾸는 사람의 성향을 당신에게 보여준다. 따라서 우리는 꿈을 꾸는 사람이 닿기를 원하는 목표가 어디인지를 볼 수 있다.

예를 들어 결혼한 어떤 남자의 꿈을 고려해보자. 그는 가족 생활에 만족하지 못했다. 그에겐 아이가 둘 있었는데, 그는 아내가 다른 일에 관심을 지나치게 많이 쏟다 보니 아이들을 제대로 돌보지 못한다고 생각하며 언제나 불안해하고 있었다. 그는 항상 자기 아내를 비판하면서 그녀를 바꿔놓으려고 노력했다. 어느 날 그는 자신에게 셋째 아이가 있는 꿈을 꾸었다. 그런데 이 아이를 잃어버렸고 끝내 찾지 못했다. 꿈 속에서 그는 아내가 아이를 돌보지 않아서 그런 일이 일어났다며 아내를 탓했다.

여기서 우리는 그의 성향을 볼 수 있다. 그는 자신의 두 아이 중 하나가 길을 잃을 수도 있다는 생각을 품고 있다. 그러나 그는 이 아이들이 자신의 꿈속에서 길을 잃게 할 용기가 없었다. 그래서 그는 셋째 아이를 만들어 그 아이가 길을 잃게 했다.

여기서 관찰되는 또 다른 이야기는 그가 자기 아이들을 좋아하기에 아이들이 길을 잃는 일이 일어나지 않기를 바란다는 점이다. 또한 그는 아내가 두 아이로도 충분히 힘들어하기 때문에 셋째 아이를 돌볼 수 없다고 느꼈다. 그래서 셋째 아이는 사라질 것이다. 여기서 우리는 그 꿈의 또 다른 측면을 본다. 해석하자면 "셋째를 가져야 하나 말아야 하나?" 정도로 읽힌다.

이 꿈의 진짜 효과는 그가 자기 아내에 맞설 어떤 감정을 일으켰다는 점이다. 잃은 아이는 없었지만, 그는 아내에게 좋지 않은 감정을 품은 상태에서 잠자리에서 일어났다. 이렇듯 사람들이 밤에 꾼 꿈으로 인해 생긴 감정 때문에 신경이 날카롭거나 퉁명스런 상태에서 잠에서 깨어날 때가 자주 있다. 그것은 중독의 상태와 비슷하며, 또 환자가 온통 패배와 죽음과 상실의 생각에만 젖어 있는 우울의 상태와 크게 다르지 않다.

우리는 또한 이 남자가 자신의 우월이 확실한 것들을, 예를 들면 "나는 아이들에게 신경을 쓰는데, 나의 아내는 그렇지 않으며 그러다 그만 아이를 하나 잃고 말았다"는 느낌을 선택했다. 따라서 그의 꿈에는 지배하고자 하는 그의 성향이 고스란히 드러나고 있다.

해석의 방법

꿈의 해석의 역사는 20세기 초반으로까지 거슬러 올라간다. 처음에는 지그문트 프로이트에 의해 꿈들이 유아기 성욕의 성취로 여겨졌다. 나는 이 의견에 동의하지 않는다. 꿈들이 그런 성취라면, 모든 것이 성취로 여겨질 수 있을 것이기 때문이다. 모든 생각은 이런 식으로 움직인다. 말하자면 잠재의식의 깊은 곳에서 의식으로 이동하는 것이다. 따라서 성욕의 성취라는 견해는 구체적으로는 아무것도 설명하지 못한다.

훗날 프로이트는 죽음에 대한 욕망이 꿈에 개입한다고 암시했다. 그러나 예를 들어 바로 앞에서 살핀 꿈은 죽음에 대한 욕망으로는 명쾌하게 설명되지 않는다. 그 아버지가 자기 자식이 길을 잃고 죽기를 원했다고 볼 수는 없기 때문이다.

  진실은 이렇다. 우리가 정신생활의 통일성과 특별히 감정적인 꿈의 성격에 대해 논하면서 제시한 일반적인 원칙들 외에는, 꿈을 설명할 특별한 공식 같은 것은 절대로 존재하지 않는다는 것이다. 꿈이 그 꿈을 꾸는 사람의 정서에 영향을 미치는 특징과 거기에 수반되는 자기기만이라는 주제는 다양한 형태로 나타나고 있다. 한 예로 이 주제는 비유와 은유에 대한 심취에서도 표현되고 있다. 비유는 자기 자신과 타인을 속이는 최고의 수단 중 하나이다. 왜냐하면 어떤 사람이 비유를 사용한다는 것 자체가 그가 현실과 논리로는 사람들을 설득할 수 없다는 느낌을 어느 정도 갖고 있다는 사실을 보여주기 때문이다. 그 사람은 언제나 쓸모없고 부자연스런 비유로 당신을 설득시키길 원한다.

  심지어 시인들까지도 타인을 속인다. 물론 기분 좋은 쪽으로 속이긴 하지만 말이다. 우리는 시인들의 은유와 시적 비유를 즐긴다. 그러나 시인들은 비유와 은유를 통해서 일상의 단어로 끼칠 수 있는 그 이상의 영향력을 우리에게 행사한다. 예를 들어 호메로스가 그리스 군인들이 사자처럼 벌판을 달리고 있다고 말한다면, 우리가 각자의 정신을 예리하게 바짝 세우고 있을 때에는 이 비유가 우리를 속이지 않을 것이다. 그러나 우리가 시적 분위기에 젖어 있다면, 이 비유는 확실히 우리를 취하게 만들 것이다. 이 작가는 우리로 하여금 어떤 신비한 힘을 믿도록 만든다. 만일 군인들이 입은 옷과 소지한 무기들을 그냥 묘사만 했더라면, 그는 이런 효과를 끌어내지 못했을 것이다.

우리는 무엇인가에 대해 설명하면서 어려움을 겪는 사람의 경우에서도 이와 똑같은 현상을 본다. 만일 그 사람이 당신을 설득시키지 못하겠다고 판단한다면, 그는 비유를 이용할 것이다. 이미 말한 대로, 이때 비유를 이용하는 것은 자기기만이며, 꿈 속에서 상징적인 이미지의 선택에 비유가 그렇게 자주 등장하는 것도 이런 이유에서다. 이것은 자기 자신을 취하게 만드는 멋진 방법이다.

꿈을 꾸지 않는 사람

참으로 이상하게 들릴지 모르지만, 꿈들이 그 꿈을 꾸는 사람을 정서적으로 흥분시킨다는 사실은 꿈을 막을 한 방법을 제시한다. 만일 어떤 사람이 자신이 꾸고 있는 꿈이 어떤 내용인지를 이해하고 그 꿈으로 인해 자신이 흥분되고 있다는 사실을 깨닫는다면, 그는 꿈꾸기를 그만둘 것이다. 꿈을 꾸는 것이 그에게 더 이상 아무런 목적을 갖지 못하게 될 것이다. 적어도 이 책의 저자의 경우에는 그렇게 한다. 나는 꿈이 의미하는 바를 깨닫자마자 꿈꾸기를 멈추었다.

  덧붙여 말하자면, 이 깨달음이 효과를 얻으려면 반드시 감정적 변화가 이뤄져야 한다. 나의 경우에는 꿈에서 이 감정적 변화가 이뤄졌다. 제1차 세계대전 동안에 꾼 꿈이었다. 나는 나의 의무와 관련하여 어떤 사람이 전선에 보내지지 않도록 하려고 백방으로 노력하고 있었다. 꿈에서 내가 누군가를 죽였다는 생각이 들었지만 누구를 죽였는지는 알 수 없었다. 나는 "내가 누굴 죽였지?"라고 생각하면서 좋지 않은 기분에 빠져 있었다. 사실 나 자신은 그 군인을 안전한 곳에 지켜야 한다는 생각에 빠져 있었을 뿐이다. 이 꿈의 감정이 이 생각으로 이어지게 되어 있었겠지만, 나는 꿈의 속임수를 이해하자마자 꿈꾸는 것을 그만두었다. 그 이유는 내가 논리적인 이유로 하거나 하지 않을 일을 하기 위해 나 자신을 속이고 싶지는 않았기 때문이다.

  지금까지 말한 내용은 자주 던져지는 질문, 즉 "왜 어떤 사람은 꿈을 절대로 꾸지 않지?" 하는 궁금증에 대한 대답이 될 수 있다. 꿈을 꾸지 않는 사람들은 자신을 속이고 싶어 하지 않는 사람들이다. 그들은 행동과 논리를 강하게 추구하고 있으며 문제들을 직면하길 바란다. 이런 부류의 사람들은 꿈을 꿀지라도 그 꿈을 아주 빨리 잊어버린다. 그들은 꿈을 매우 빨리 망각해 버리기 때문에 꿈을 아예 꾸지 않는다고 믿는다.

이것은 우리 모두가 항상 꿈을 꾸지만 꿈의 대부분을 망각한다는 이론으로 이어진다. 만일 우리가 이 이론을 받아들인다면, 이 이론이 일부 사람은 절대로 꿈을 꾸지 않는다는 사실 위에다가 그와 아주 다른 구조물을 하나 올리게 될 것이다. 그들은 꿈을 꾸지 않는 사람이 아니라 꿈을 꾸면서도 그 꿈을 언제나 망각하는 사람이 된다. 이 책의 저자는 이 이론을 받아들이지 않는다. 나는 오히려 꿈을 꾸지 않는 사람도 있고 꿈을 꾸면서도 자주 잊어버리는 사람도 있다는 쪽을 믿는다. 문제의 성격상 이런 이론을 반박하기가 어려울 것이다. 그러나 입증의 부담은 아마 그 이론을 제기한 사람들에게 지워져야 할 것이다.

　우리가 꿈을 반복해서 꾸는 이유는 무엇인가? 이는 호기심을 자극하는 사실이지만, 아직까지 명확하게 설명되지 않고 있다. 그러나 되풀이되는 꿈에서 우리는 보다 분명하게 표현되는 생활양식을 발견할 수 있다. 그처럼 반복되는 꿈은 우리에게 그 개인의 우월의 목표가 어디 있는지를 명확히 알려주는 암시를 담고 있다.

　길게 이어지는 꿈이라면, 꿈을 꾼 사람이 아직 준비가 제대로 되어 있지 않다는 뜻이다. 이 사람은 문제로부터 목표의 성취로 건너갈 다리를 찾고 있다. 그렇기 때문에 이해가 가장 쉬운 꿈은 짧은 꿈이다. 간혹 어떤 꿈은 단 하나의 장면과 몇 마디의 말로 이뤄지며, 이런 꿈은 꿈을 꾸는 사람이 자신을 기만할 쉬

7장　꿈과 꿈의 해석

운 길을 발견하려고 진정으로 노력하고 있다는 점을 보여준다.

수면과 최면

수면의 문제를 논하는 것으로 이 장을 닫으려 한다. 아주 많은 사람들이 수면에 대해 쓸데없는 질문을 던진다. 그들은 수면이 잠에서 깨어 있는 것과 정반대라고, 또 "죽음의 사촌"이라고 상상한다. 그러나 이 관점은 잘못되었다. 수면은 깨어 있는 시간의 반대가 아니며 오히려 깨어 있는 상태와 같은 종류이다. 우리는 잠을 자는 동안에 삶과 분리되지 않는다. 반대로 우리는 잠을 자면서도 생각하고 듣는다. 잠을 자는 동안에도 대체로 깨어 있을 때와 똑같은 특징이 나타난다. 한 예로 거리의 어떠한 소란에도 방해를 받지 않으면서도 아이가 조금이라도 뒤척이면 벌떡 깨어나는 어머니들이 있다. 여기서 우리는 엄마들의 관심은 잠을 자는 동안에도 고스란히 깨어 있음을 확인할 수 있다. 또한 밤에 잠을 자면서 침대에서 떨어지지 않는다는 사실에서 우리는 잠을 자는 동안에도 한계를 깨닫는다는 것을 알 수 있다.

사람의 성격은 밤이나 낮이나 똑같이 표현되고 있다. 이것이 최면 현상을 설명해준다. 미신이 마법의 힘처럼 보이도록 하기 위해 하는 것은 대부분 일종의 수면에 지나지 않는다. 그러나 그것은 어떤 한 사람이 다른 사람에게 복종하기를 원하고 있고 또 최면술사가 자신이 잠들기를 원하고 있다는 사실을 알고 있는 가운데서 자는 수면이다. 부모가 "이제 밤이 깊었어. 잠을 자도록 해!"라고 명령하고 아이들이 부모의 말에 복종할 때, 이와 똑같은 현상이 일어나고 있다. 마찬가지로 최면에서 최면의 결과가 나타나는 것도 그 사람이 최면술사에게 복종하기 때문이다. 그리고 그 사람이 최면술사에게 복종하는 정도에 따라 최면이 걸리는 강도가 결정된다.

최면을 통해서 우리는 그 사람이 깨어 있다면 여러 가지 억제적인 요소 때문에 떠올리지 못했을 장면이나 생각, 기억을 상상하게 할 기회를 갖는다. 여기서 유일하게 필요한 것은 복종뿐이다. 이 방법을 통해서 우리는 옛날에 잊었을 수도 있는 어떤 해결책을, 말하자면 옛날의 기억들을 발견할 수 있다.

그러나 치료와 치유의 방법으로서 최면에는 위험성이 따른다. 나는 최면을 좋아하지 않으며 환자들이 그 외의 다른 방법을 신뢰하지 않을 때에만 최면을 이용한다. 최면에 걸린 사람이 오히려 복수심을 품을 수도 있다. 처음에는 그 사람들은 문제들을 극복한다. 그러나 그들이 생활양식까지 바꾸지는 않는다. 최면은 약이나 기계적인 수단과 비슷하다. 환자의 천성은 전혀 건드리지 않는 것이다. 어떤 사람을 진정으로 돕기를 원한다면, 우리가 해야 할 일은 그 사람에게 용기와 자신감을 주고 자신의 실수를 보다 잘 이해할 수 있도록 하는 것이다. 최면에는 이런 측면이 전혀 없다. 그러므로 아주 드문 경우가 아니고는 최면을 이용하지 말아야 한다.

8장
문제아와 그들을 위한 교육

교육의 원칙들

우리의 아이들을 어떤 식으로 교육시켜야 할까? 이는 아마 현재의 사회생활에서 가장 중요한 물음일 것이다. 이는 또한 개인 심리학이 많은 관심을 쏟고 있는 물음이기도 하다. 교육은 가정에서든 학교에서든 개인이 성격을 형성하고 그 성격을 바른 길로 이끌려는 노력이다. 따라서 심리학이 적절한 교육 기법의 개발에 필요한 바탕이 될 수 있다. 아니, 모든 교육을 심리학적 삶의 기술의 한 영역으로 여길 수도 있을 것이다.

먼저 예비적인 공부부터 하자. 교육의 가장 일반적인 원칙은 교육이 개인들이 훗날 직면하게 될 삶과 조화를 이뤄야 한다는 것이다. 이는 곧 교육이 국민의 이상과 조화를 이룰 수 있어야 한다는 의미이다. 만일 우리가 아이들을 교육시키며 국민의 이상을 고려하지 않는다면, 아이들은 훗날 삶을 살면서 어려움에 봉착할 수 있다. 이런 식으로 자란 아이들은 사회의 구성원으로 적합하지 않을 것이다.

분명히 국가의 이상도 변할 것이다. 이 이상은 혁명 후처럼 급작스럽게 변할 수도 있으며 아니면 진화의 과정을 거치며 점진적으로 변할 수도 있다. 그러나 이는 단지 교육자가 포용력이 매우 큰 이상을 마음에 품어야 한다는 것을 의미할 뿐이다. 그것은 언제나 제자리에 서 있을 이상이어야 하며, 개인이 변화하는 환경에 적절히 적응할 수 있도록 가르칠 수 있는 그런 이상이어야 한다.

학교와 사회적 이상을 연결시키는 것은 물론 이상과 정부의 연결 때문이다. 국가의 이상이 학교제도에 반영되도록 하는 것은 정부의 영향력이다. 정부는 부모나 가족에게 직접적으로 닿지 못하지만 대신에 학교를 정부에 이로운 쪽으로 감독한다.

역사적으로 보면, 학교들은 시대에 따라 각기 다른 이상을 반영했다. 유럽에서는 학교가 원래 귀족들을 위해 세워진 기관이었다. 이 학교들은 정신적으로 귀족적이었으며, 귀족들만이 거기서 교육을 받았다. 그 후로 학교는 교회로 넘어갔으며 교회의 학교처럼 보였다. 성직자들만이 선생이 될 수 있었다. 그러다가 폭넓은 지식에 대한 요구가 높아지기 시작했다. 더 많은 주제들이 가르쳐졌고, 교회가 제공할 수 있는 것보다 훨씬 더 다양한 선생들이 필요했다. 이리하여 성직자들이 아닌 사람들도 교직으로 들어가게 되었다.

현대 이전까지 선생들은 직업으로 교직 하나만을 갖는 것이 아니었다. 그들은 구두장이와 재단사 등 다른 일자리를 가졌다. 그들은 회초리를 이용하여 가르치는 방법밖에 몰랐음에 분명하다. 그때의 학교는 아이들의 심리적 문제들이 해결될 수 있는 그런 학교가 아니었다.

교육에서 근대적 정신의 시작은 페스탈로치(Johann Heinrich Pestalozzi: 1746-1827) 시대 유럽에서 이뤄졌다. 페스탈로치는 회초리와 체벌이 아닌 다른 교수법을 발견한 최초의 선생이었다.

페스탈로치는 학교에서 적절한 교육 방법을 선택하는 것이 아주 중요하다는 점을 보여준 아주 소중한 존재이다. 옳은 방법만 동원한다면, 저능아가 아닌 이상 모든 아이들이 읽고 쓰고 노래하고 계산하는 법을 배울 수 있다. 우리가 이미 최상의 방법을 발견했다고는 절대로 말하지 못한다. 훌륭한 교육법은 언제나 개발되고 있는 중이다. 당연히 우리도 언제나 새롭고 더 나은 방법을 찾고 있다.

유럽 학교의 역사로 다시 돌아가 보자. 교수법이 어느 정도 개발된 직후, 지속적인 감시가 없어도 스스로 읽고 쓰고 계산하고 독립적으로 활동할 수 있는 노동자에 대한 수요가 크게 높아졌다. 이 시기에 "모든 아이들을 위한 학교"라는 슬로건이 등장했다. 지금은 모든 아이들이 학교에 다녀야 한다. 이런 식으로 전개된 것은 경제생활의 조건과 이 조건을 반영한 이상들 때문이었다.

예전에 유럽에서는 귀족만이 영향력을 행사했으며, 따라서 관리와 일꾼만 필요했다. 높은 지위를 준비하는 사람들은 상급학교로 갔다. 나머지는 전혀 학교에 다니지 않았다. 교육제도는 그 시대의 국가적 이상을 반영한다. 오늘날 학교제도는 다양한 국가적 이상들에 부응하고 있다. 아이들이 무릎에 손을 얹고 가만히 앉아서 움직이지 말아야 했던 학교는 더 이상 존재하지 않는다. 오늘날 학교 안에서 아이들은 선생의 친구들이다. 아이들은 더 이상 권위의 압박을 받지 않으며, 복종도 더 이상 요구되지 않는다. 아이들이 보다 독립적으로 발달을 꾀할 수 있게 되었다. 자연히 민주적인 미국에는 그런 학교가 많다. 학교들이 언제나 정부의 규제를 받는 가운데 국가의 이상에 맞춰 발전하기 때문이다.

학교제도와 국가적 및 사회적 이상은 우리가 본 바와 같이 그 기원과 조직 때문에 대단히 유기적으로 연결되어 있다. 그러나 심리학적 관점에서 보면 이 연결이 교육기관인 학교에 엄청난 이점을 안겨준다. 심리학적 관점에서 보면 교육의 중요한 목표는 사회적 적응이다. 오늘날 학교는 아이 하나하나의 사교성을 가족보다 더 쉽게 이끌 수 있다. 왜냐하면 학교가 국가의 요구에 훨씬 더 잘 부응하고 아이들의 비판으로부터 훨씬 더 자유롭기 때문이다. 학교는 아이들의 응석을 받아주지 않는다. 대체로 학교는 훨씬 더 공평한 태도를 취한다.

반면 가족의 경우에는 늘 사회적 이상이 스며드는 그런 곳이 아니다. 전통적인 관념들이 가족을 지배하는 경우를 우리는 매우 자주 본다. 부모 자신이 사회적으로 적응이 잘 되고 교육의 목표가 사회적이라는 것을 이해할 때에만, 진전이 이뤄질 수 있다. 부모가 이런 것들을 잘 알고 이해하는 가정에서는, 아이들이 제대로 교육을 잘 받고 학교에 들어갈 준비를 제대로 갖추고 있는 것이 확인될 것이다. 이런 아이들은 학교에서도 인생에서 저마다의 자리를 지키기 위한 준비를 제대로 잘 갖춘다. 가정과 학교에서 아이가 걷는 이상적인 발달은 그런 식이어야 한다. 또 학교가 가족과 국가 그 중간에 설 수 있어야 한다.

부모와 자식

앞의 논의에서 우리는 아이의 생활양식이 4세나 5세를 전후해 확정된 뒤로는 직접적인 방법으로는 좀처럼 변화하지 않는다는 것을 알았다. 이는 현대의 학교가 가야 할 길을 암시하고 있다. 학교는 아이를 비난하거나 처벌해서는 안 된다. 대신에 아이들의 사회적 관심을 형성하고, 교육시키고, 발달시키도록 노력해야 한다. 현대의 학교는 억압과 검열을 원칙으로 해서는 제대로 돌아갈 수 없다. 그보다는 아이의 개인적 문제를 이해하고 해결하려고 노력하는 곳이 학교라는 인식이 바탕에 깔려야 한다.

반면 부모와 아이가 가족 안에서 서로 아주 밀접히 연결되어 있기 때문에, 부모가 사회를 위하는 쪽으로 아이를 교육시키는 일이 어려울 때가 종종 있다. 부모들은 자신의 포부를 충족시키는 방향으로 아이들을 교육시키려 한다. 그리하여 부모들은 훗날 아이가 갈등을 겪을 씨앗을 뿌리게 되기도 한다. 그런 아이들은 나중에 엄청난 어려움에 직면하게 된다. 그들은 학교에 입학하는 순간부터 이미 어려움에 직면한다. 학교를 끝내고 사회에 나가면 그 문제들은 훨씬 더 심각해진다.

이런 상황을 미연에 방지하기 위해, 당연히 부모를 교육시키는 것이 필요하다. 그러나 이 일은 쉽지 않다. 왜냐하면 우리가 아이들을 대하듯 쉽게 어른들을 대하지 못하기 때문이다. 그리고 설령 부모에게 다가간다 하더라도 그들이 국가의 이상에 그다지 관심이 없다는 사실이 확인될 것이다. 부모들은 전통에 지나치게 안주하고 있기 때문에 국가의 이상 같은 것을 이해하려 들지 않는다.

부모들을 상대로 할 수 있는 일이 별로 없기 때문에, 우리는 단지 이해를 최대한 확장하는 것으로 만족해야 한다. 최고의 공격 대상은 학교들이다. 이유는 다양하다. 첫째, 아이들의 대다

수가 그곳에 모이기 때문이다. 둘째, 생활양식의 실수들이 가정에서보다 학교에서 더 잘 나타나기 때문이다. 셋째, 선생들이 아이들의 문제를 이해할 수 있는 사람들이기 때문이다.

문제아의 우월감 콤플렉스

이런 카테고리가 가능한지 모르겠지만, 정상적인 아이들은 심리학자들의 관심을 끌지 못한다. 우리는 그런 아이들을 건드리지 않을 것이다. 최대한 발달하고 사회적으로 적응이 잘 된 아이들을 만나게 되면, 그들을 억누르지 않는 것이 최선의 길이다. 그런 아이들은 우월감을 키울 수 있는 쪽으로 목표를 잡을 것이 분명하다. 그들의 우월감은 바로 삶의 유익한 면에 자리하고 있기 때문에 콤플렉스가 아니다.

반면 문제 아이들과 신경증 환자들과 범죄자들 가운데서는 우월감과 열등감이 삶의 쓸모없는 쪽으로 나타난다. 그런 사람들은 자신의 열등감에 대한 보상으로 우월감 콤플렉스를 표현한다. 앞에서 본 바와 같이, 열등감은 모든 인간에게 똑같이 존재한다. 그러나 이 감정이 그 사람을 낙담시켜 삶의 쓸모없는 면을 훈련하도록 자극하게 될 때, 그것은 콤플렉스가 된다.

열등과 우월의 모든 문제들은 아이가 학교에 들어가기 전의 가족생활에 그 뿌리를 내리고 있다. 아이가 생활양식을 형성한 것이 바로 이 시기 동안이다. 이 생활양식을 우리는 성인의 생활양식과 구분하여 원형이라고 부른다. 이 원형은 익지 않은 열매이다. 그리고 익지 않은 열매처럼, 거기에 약간의 문제가 생기거나 벌레가 생기기라도 하면 아이가 자랄수록 문제도 더 커지고 벌레도 더 커진다.

우리가 본 바와 같이, 곤경이 신체기관의 장애에서 시작되는 예가 종종 있다. 여기서 다시 우리는 문제를 야기하는 것이 신체기관의 장애가 아니고 이 장애에 따른 사회적 부적응이라는 것을 기억해야 한다. 이런 장애를 겪는 아이들에게 교육의 기회를 제공해야 하는 것도 바로 이 때문이다. 사람을 스스로 사회에 적응하도록 훈련을 시켜라. 그러면 신체적 장애는 부담이 되기는커녕 오히려 자산이 될 것이다. 왜냐하면 앞에서 이야기한 바와 같이 신체적 장애가 매우 놀라운 관심을 불러일으킬 수도 있으며, 훈련을 통해 개발된 이 관심이 그 개인의 전체 삶을 지배할 것이며, 이 관심이 유익한 경로로 흐르기만 한다면, 그것은 그 개인에게 엄청난 것을 의미할 것이기 때문이다.

이 모든 것은 신체적 장애에 따른 어려움이 결과적으로 사회적 적응이라는 결실을 끌어낼 수 있는지 여부에 좌우된다. 따라서 보기만을 원하거나 듣기만을 원하는 아이가 있다면, 이 아이를 모든 감각기관의 이용에 두루 흥미를 갖도록 발달시키는 것이 선생의 임무이다. 그렇게 하지 않으면 이 아이는 나머지 학생들보다 뒤처지게 될 것이다.

우리 모두는 어설프게 행동하며 자라는 왼손잡이의 예를 알 것이다. 대체로 보면 사람들은 이 아이가 왼손잡이이기 때문에 손을 쓰는 것이 서툴다는 사실을 잘 깨닫지 못한다. 왼손잡이라는 사실 때문에 아이는 가족과 끊임없이 갈등을 빚는다. 이런 아이들이 호전적이거나 전투적인 아이로 자라는 것을 우리는 목격한다. 어떻게 보면 이런 모습은 차라리 이 아이의 입장에서 보면 다행이다. 그렇지 않으면 이 아이들은 우울증을 겪거나 심술궂은 아이가 된다. 이런 아이가 문제들을 그대로 가진 채 학교에 간다면, 그는 호전적인 아이가 되거나 아니면 풀이 죽고 용기가 없는 그런 아이가 될 것이다.

신체기관에 장애가 있는 아이들 외에, 응석받이로 자란 아이들이 대거 학교에 오면서 생기는 문제도 있다. 학교가 운영되는 방식 때문에, 오늘날엔 한 명의 아이에게 언제나 주의를 집중하는 것은 현실적으로 불가능하다. 선생이 워낙 친절하고 따뜻한 가슴의 소유자라면 이따금 특정한 아이를 집중적으로 돌볼 수도 있다. 그러나 학년이 올라가게 되면, 이 아이도 호의를 받는 위치에서 벗어나게 된다. 세월이 흐를수록 그런 아이의 문제는 더욱 심각해진다. 왜냐하면 우리의 문화에서는 어느 한 사람이 별다른 노력을 기울이지 않은 가운데 늘 주의의 초점을 받는 것이 적절하지 않은 것으로 여겨지기 때문이다.

이런 문제아들 모두는 두드러진 특징을 갖고 있다. 그들은 삶의 문제에 제대로 대처하지 못하고, 매우 야심적이고, 사회를 위해서가 아니라 자기 자신을 위해서 주변을 지배하길 원한다. 게다가 그들은 걸핏하면 싸우려 들고 다른 사람들과 적대적인 관계에 놓인다. 그들은 삶의 모든 문제에 관심이 없기 때문에 대체로 겁쟁이이다. 어린 시절에 응석받이로 자라다 보니 그들은 삶의 문제들에 준비를 제대로 하지 못했다.

그런 아이들에게서 발견되는 다른 특징은 그들이 조심스러워하고 지속적으로 망설인다는 점이다. 그들은 삶이 제기하는 문제에 대한 해결을 뒤로 미룬다. 그렇지 않으면 그들은 문제 앞에서 멈춰서면서 정신이 산만해지며 일을 결코 마무리 짓지 않는다.

이 특징들은 가정에서보다 학교에서 더 분명하게 드러난다. 학교는 실험 테스트와 비슷하다. 왜냐하면 학교에 가면 아이가 작은 사회랄 수 있는 그곳의 문제에 적응을 하는지 여부가 분명해지기 때문이다. 잘못된 생활양식은 집에서는 눈에 드러나지 않을 수 있지만 학교에서는 분명하게 드러난다.

응석받이로 자란 아이와 신체기관에 장애가 있는 아이는 삶의 어려움에 대처할 힘을 앗아가는 심각한 열등감 때문에 언제나 그런 어려움을 "배제"하길 원한다. 그러나 우리는 학교 안에서 문제들을 관리하며 어려움을 겪는 아이들을 문제를 해결할 수 있는 위치로 점진적으로 올려놓을 것이다. 따라서 학교는 아이들을 진정으로 교육할 수 있는 공간이 된다. 그냥 공부만 시키는 곳이 아닌 것이다.

  이 두 가지 유형 외에, 우리는 미움을 사는 아이를 고려해야 한다. 미움을 사는 아이는 언제나 추하고, 판단이 바르지 못하고, 사회생활을 할 준비가 되어 있지 않다. 아마 이런 아이는 학교에 들어가는 즉시 3가지 유형 중에서 가장 심하게 힘들어 할 것이다.

  선생들과 교육 분야의 관리들이 좋아하든 않든, 이런 모든 문제들을 이해하고 해결하는 것이 학교 커리큘럼의 일부가 되어야 하는 것이 분명하다.

신동

  이런 특별한 문제아들 외에, 신동이라고 믿어지는 아이들이 있다. 머리가 특별히 좋은 아이들을 말한다. 간혹 이들이 일부 과목에서 앞서기 때문에 다른 과목에서도 뛰어나 보이기 쉽다. 이런 아이들은 예민하고, 야심이 있고, 대체로 동료들로부터 사랑을 받지 못한다. 아이들은 자신의 동료가 사회적으로 적응이 되어 있는지 안 되어 있는지를 즉시적으로 알아보는 것 같다. 이런 신동들은 경탄의 대상이 되긴 하지만 사랑을 받는 존재는 아니다.

  신동들 중에서 많은 아이들이 학교를 거치는 동안에 만족감을 느낀다는 사실을 우리는 쉽게 알 수 있다. 그러나 사회생활을 시작하는 순간, 그들에겐 적절한 인생계획 같은 것이 하나도 없다. 그들이 인생의 3가지 중요한 문제인 사회와 직업, 사랑과 결혼의 문제에 접근할 때, 문제들이 튀어나온다. 그들의 원형이 형성되던 시기에 무슨 일이 일어났는지가 분명히 나타난다. 우리 눈에 나타나는 것은 그들이 가족 안에서조차도 제대로 적응하지 못한 결과인 것이다. 가족 사이에서 그들은 지속적으로 호의적인 상황에서 살았다. 이런 상황에서는 그들의 생활양식의 잘못된 점들이 드러나지 않는다. 그러나 그들의 길에 새로운 상황이 벌어지는 순간, 그 잘못들이 겉으로 나타난다.

　시인들이 이런 것들 사이의 연결을 간파했다는 사실이 흥미롭다. 아주 많은 시인들과 극작가들은 드라마와 소설에서 그런 사람들이 겪는 매우 복잡한 인생유전을 묘사했다. 예를 들면 셰익스피어의 극중 인물인 노섬버랜드가 있다. 심리학의 거장이었던 셰익스피어는 노섬버랜드를 진짜 위험이 닥칠 때까지 자신의 왕에게 꽤 충성을 하는 인물로 그린다. 그러다 위험이 닥치자 그는 왕을 배신했다. 셰익스피어는 어떤 사람의 진정한 생활양식은 매우 어려운 상황에서 명백해진다는 사실을 잘 이해했다. 그러나 그 생활양식을 낳는 것은 힘든 상황이 아니다. 생활양식은 힘든 상황이 닥치기 전에 이미 확립되어 있다.

개인 심리학이 신동의 문제에 제시하는 해결책은 다른 문제 아이들의 해결책과 똑같다. 개인 심리학자는 "어떤 일이든 누구나 다 성취할 수 있다."고 말한다. 언제나 다른 사람의 기대에 시달리는 신동들의 부담을 덜어주는 민주적인 격언이다. 신동들은 언제나 앞으로 몰아붙여지고 지나친 관심의 대상이 된다. 이 격언을 택하는 사람들은 아이들을 매우 똑똑하게 키울 수 있다. 그렇게 크는 아이들은 기만을 당하지도 않고 지나치게 야심에 넘치지도 않는다. 이런 아이들은 자신이 성취한 것이 훈련과 행운의 결과라는 점을 이해한다. 만일 훌륭한 훈련이 계속 이어진다면, 그들은 다른 아이들이 성취할 수 있는 것이면 무엇이든 성취할 수 있다. 그러나 호의적인 영향을 그다지 많이 받지 못하고 훈련이나 교육이 잘 되지 않은 다른 아이들이라 할지라도 만일 선생이 그들에게 그 방법만 가르쳐줄 수 있다면 훌륭한 것을 성취해낼 수 있다.

아이들을 응원하는 방법

좋지 않은 환경에서 자란 아이들은 용기를 잃었을지 모른다. 그렇기 때문에 그들이 열등감을 갖지 않도록 보호해줘야 한다. 열등감이란 어느 누구도 오랫동안 견뎌내지 못하는 그런 감정이다. 원래 그런 아이들은 지금 학교에서 봉착하는 것만큼 많은 어려움에 직면하지 않았다. 이런 어려움들에 짓눌려 무단결석을 하거나 아예 학교에 나가지 않는 그런 아이들의 존재를 이해할 수 있다. 이 아이들은 학교에 희망을 걸 만한 것이 하나도 없다고 믿는다. 만일 이것이 사실이라면, 우리는 그 아이가 일관되게 이성적으로 행동하고 있다는 점을 인정해야 한다. 그러나 개인 심리학은 그들이 학교에서 가망 없는 존재라는 믿음을 받아들이지 않는다. 개인 심리학은 모두가 유익한 일을 성취할 수 있다고 믿는다. 언제나 실수는 있는 법이다. 그러나 실수는 바로잡을 수 있는 것이고 아이들은 누구나 앞으로 나아갈 수 있다.

그러나 대체로 이런 상황이 적절히 다뤄지지 못하고 있다. 아이가 학교에서 새로운 어려움에 직면하여 힘들어할 바로 그때, 아이의 어머니는 아이를 감시하고 걱정하는 태도를 취한다. 아이가 학교에서 받는 성적표와 비판과 훈계는 집에서의 공격 때문에 아이에게 더욱 힘들게 느껴진다. 응석받이로 집에서 착하게 자라던 아이가 학교에서 매우 나쁜 아이가 되는 경우가 자주 있다. 이는 잠재해 있던 아이의 열등감 콤플렉스가 가족과의 접촉을 잃고 더 이상 관심의 초점이 되지 않는 순간 나타나기 때문이다. 그렇게 되면 응석을 받아주던 어머니가 아이로부터 증오를 사게 될 것이다. 아이가 자기 엄마에게 속았다고 느끼기 때문이다. 엄마는 아이에게 예전과 같은 빛을 발하지 못한다. 응석을 받아준 엄마의 모든 행동은 새로운 상황의 불안 속에 쉽게 망각된다.

　집에서 호전적인 아이가 학교에서 얌전히 조용히 지내거나 심지어 억눌려 지내는 경우도 자주 있다. 간혹 그런 아이의 엄마가 학교를 찾아와 "하루 종일 아이에게 매달려 지내요. 늘 싸우기만 하고 있어요."라고 말한다. 그러면 선생은 "그 녀석은 하루 종일 조용히 앉아서 꼼짝도 하지 않아요."라고 대답할 것이다. 그 반대의 경우도 간혹 있다. 즉 아이의 엄마가 학교에 와서 "우리 아이는 집에서 매우 차분하고 부드러워요."라고 말하는 반면에 선생은 "그 녀석이 반 전체를 망쳐놓고 있어요."라고 말하는 것이다. 우리는 마지막 상황을 쉽게 이해할 수 있다. 이 아이는 집에서 관심의 초점이 되고 있으며, 바로 그런 이유 때문에 아이는 조용하고 겸손하다. 학교에 가면 이 아이는 관심의 중심이 아니며, 그렇기 때문에 다른 아이들과 싸운다.

　예를 들면 급우들 사이에 인기가 매우 높고 학급의 반장을 하는 8세 소녀가 있다. 그녀의 아버지는 의사에게 와서 "이 아이는 아주 잔악해요. 진짜 폭군입니다. 더 이상 참아내지 못하겠어요."라고 말했다. 이유는 무엇이었을까? 그녀는 유대가 느슨한 가정의 첫아이였다. 오직 느슨한 가정만이 아이에게 그런 식으로 고문을 당할 수 있다. 동생이 태어나자, 이 소녀는 자신이 위험에 처했다고 느끼면서 예전처럼 자신이 관심의 초점이 되고

자 싸움을 시작했다. 그러나 학교에만 가면, 그녀는 좋은 평가를 받았고 싸워야 할 이유가 전혀 없었기 때문에 모든 것을 잘 처리했다.

어떤 아이들은 집과 학교에서 똑같이 어려움을 겪는다. 가정과 학교 둘 다 아이에 대해 불평한다. 그 결과 오히려 아이의 실수가 더욱 늘어난다. 어떤 아이는 가정과 학교에서 단정치 못하다. 만일 이처럼 아이의 행동이 가정과 학교에서 똑같이 좋지 않다면, 우리는 과거에 있다가 지금은 사라진 것들에서 그 원인을 찾아야 한다. 어쨌든 우리는 아이의 문제에 대한 판단을 제대로 하기 위해선 언제나 가정과 학교에서의 행동을 동시에 고려해야 한다. 만일 우리가 아이의 생활양식과 그가 나아가려는 방향을 제대로 이해하길 원한다면, 모든 부분이 다 중요하다.

상당히 잘 적응된 아이가 학교에서 새로운 상황에 처해서 제대로 적응을 못하는 것처럼 보이는 경우도 간혹 있다. 어떤 아이가 선생과 학생들이 자신에게 상당히 적대적인 학교로 올 때, 보통 이런 일이 일어난다. 유럽의 경험에서 한 예를 제시하자면, 돈이 아주 많고 자부심이 강한 부모에게 떼밀려 귀족이 다니는 학교에 나가게 된 평민 아이가 있다. 그가 귀족 집안의 자녀가 아니기 때문에, 그의 급우들은 전부가 그에게 적대적이다. 그렇게 되면 지금까지 응석받이로 컸거나 적어도 쉽게 적응해왔을 아이는 자신이 매우 적대적인 환경에 놓여 있다는 사실을 깨닫게 된다. 급우들의 잔인함이 아주 심하여 아이가 거기에 맞설 수 있다는 사실 자체가 놀라운 일일 때도 간혹 있다. 대부분의 예를 보면 그런 상황에 처한 아이는 집에 오면 말을 한 마디도 하지 않는다. 수치심을 느끼기 때문이다. 그런 아이는 침묵 속에서 무시무시한 시련을 겪는다.

사회에서 어른처럼 행동하며 삶의 문제를 정면으로 맞닥뜨려야 할 나이인 16세나 18세가 되어도, 그런 아이들은 용기와 희망을 잃어버렸기 때문에 그만 정신적 성장을 멈춰버린다. 그리고 사회적 결함과 함께, 그들은 사랑과 결혼에서도 결함을 드러낸다. 그들이 성장을 계속하지 않았기 때문에 일어나는 현상이다.

이런 경우에는 어떤 식으로 해결해야 할까? 그들에겐 에너지를 발산시킬 배출구가 없다. 그들은 이 세상으로부터 실제로 단절되어 있거나 단절되었다고 느낀다. 다른 사람에게 상처를 주기 위해 자기 자신을 해치길 원하는 유형의 사람은 자살을 시도할 수도 있다. 한편 그냥 사라져버리길 원하는 유형의 사람도 있다. 그는 피난처로 사라진다. 그는 이미 확보한 약간의 사회적 능력마저도 잃는다. 그는 평범한 언어를 쓰지 않고, 사람들에게 다가가지도 않고, 언제나 세상에 적대적이다. 이 상태를 우리는 정신분열증 또는 광기라고 부른다. 이런 사람들을 돕기

8장 문제아와 그들을 위한 교육

를 원한다면, 우리는 그들의 용기를 다시 불러일으킬 수 있는 길을 찾아야 한다. 그들은 매우 힘든 환자이긴 하지만 치유가 불가능한 환자는 아니다.

아이들의 교육 문제를 해결하는 것이 주로 아이들의 생활양식의 진단에 달려 있기 때문에, 여기서 개인 심리학이 이 진단을 위해 개발한 방법을 검토해보는 것도 바람직할 것이다. 생활양식의 진단은 물론 교육 외의 다른 많은 분야에도 유익하지만 기본적으로는 교육 분야를 위한 것이다.

형성기에 있는 아이를 직접 연구하는 외에, 개인 심리학은 어린 시절의 기억과 미래의 직업에 관한 계획을 묻고 아이의 태도와 신체의 움직임을 관찰하고 가족 내 아이의 위치를 파악함으로써 추론하는 방법도 이용한다. 이 방법에 대해서는 이미 앞에서 논의했다. 그러나 가족 내 아이의 위치는 다시 강조할 필요가 있을 만큼 아주 중요하다. 이것이 아이의 교육적 발달과 아주 밀접히 연결되어 있기 때문이다.

아이들의 가족 내 서열

가족 내 아이들의 서열과 관련해 중요한 것은 첫아이의 경우 한 동안 외동의 위치에 있다가 뒷날 그 자리에서 쫓겨난다는 점이다. 따라서 외동은 한 동안 막강한 권력을 누리다가 결국엔 그것을 잃게 된다. 한편 다른 아이들의 심리는 그들이 첫아이가 아니라는 사실의 영향을 강하게 받는다.

첫아이들 중에는 보수적인 관점을 가진 아이가 많다. 집안에서 첫째인 사람들은 한번 권력을 잡으면 계속 잡아야 한다는 생각을 갖는다. 그들이 권력을 잃은 것은 단순히 사고일 뿐이며, 그들은 그 권력에 대해 대단한 동경심을 품고 있다.

둘째 아이는 이와 완전히 다른 상황에 처한다. 둘째 아이는 관심의 초점을 받으며 자라는 것이 아니라 자기 앞을 달리는 주자(走者)를 지켜보면서 자란다. 그는 언제나 앞의 주자와 동일해지길 원한다. 그는 권력 같은 것은 인정하지 않으려 하며 권력의 주인이 바뀌기를 바란다. 그는 경주에서처럼 앞서고 싶은 충동을 느낀다. 그의 모든 움직임은 앞의 어느 지점에 이르기 위해 언제나 그 지점을 바라보고 있다는 사실을 보여준다. 그는 과학과 자연의 법칙을 바꿔놓으려고 언제나 노력하고 있다. 그는 정말로 혁명적이다. 정치에서 그런 것이 아니라 사회생활과 동료들을 대하는 태도에서 그렇다. 우리는 성경에 나오는 야곱과 에서의 이야기에서 좋은 예를 볼 수 있다.

몇 명의 자식이 거의 다 자란 뒤에 새로 아이가 태어나는 경우엔, 그 막내는 첫아이의 상황과 비슷한 처지가 될 것이다.

심리학적 관점에서 보면 가족 안에서 가장 흥미로운 자리는 막내의 위치이다. 막내라고 할 때, 당연히 우리는 가장 어리고 동생이 없는 아이를 의미한다. 그런 아이는 유리한 위치에 선다. 권력을 박탈당할 이유가 하나도 없기 때문이다. 둘째 아이는 권력을 박탈당할 수 있으며 간혹 첫아이의 비극까지 경험한다. 그러나 막내의 삶에는 그런 일이 절대로 일어나지 않는다. 그러므로 막내는 가장 유리할 수 있으며, 다른 환경이 다 똑같다면 막내가 가장 큰 발달을 이루는 것으로 종종 확인된다. 막내는 매우 활력적이며 다른 존재들을 극복하려고 노력한다는 점에서는 둘째 아이를 많이 닮았다. 막내도 자기보다 한참 앞에 주자들을 두고 있다. 그러나 대체로 막내는 나머지 가족과는 판이한 길을 걷는다. 과학자 집안이라면, 막내는 아마 음악가나 상인이 될 것이다. 가족이 상인이라면, 막내는 시인이 될 것이다. 막내는 언제나 다를 것이다. 왜냐하면 같은 분야에서 경쟁하지 않고 다른 분야에서 일을 하는 것이 훨씬 더 편하기 때문이다. 그런 이유로 막내는 나머지 형제와는 다른 길을 걷는다. 분명히 이것은 그 아이가 용기가 다소 부족하다는 점을 보여주는 신호이다. 왜냐하면 용기가 있다면, 이 아이도 같은 분야에서 경쟁을 벌이려 했을 것이기 때문이다.

아이의 가족 내 서열을 근거로 한 우리의 예측은 어떤 경향을 말해줄 뿐이라는 점을 지적하는 것도 가치 있는 일이다. 사실 첫아이가 똑똑하면, 그 아이는 둘째에게 정복당하지 않을 것이며 따라서 어떠한 비극도 겪지 않을 것이다. 그런 아이는 사회적으로 적응을 잘 하며, 그의 어머니는 아들이 새로 태어난 동생을 포함하여 다른 사람들에게로 관심을 확대하도록 훈련을 시킬 것이다. 그런 한편 만일 첫아이가 둘째에 의해 정복당하지 않는다면, 둘째가 큰 시련을 겪을 것이고 따라서 둘째 아이가 문제아가 될 수도 있다. 이런 식으로 자란 둘째 아이가 최악의 유형이다. 종종 그들이 용기와 희망을 잃기 때문이다. 경주에 나서는 아이들은 언제나 이길 수 있다는 희망을 품어야 한다는 것을 우리는 잘 알고 있다. 이 희망이 사라질 때, 다른 모든 것도 사라져버린다.

외동도 나름의 비극을 갖고 있다. 어린 시절 내내 가족의 관심의 초점이 되고, 또 그의 삶의 목표가 언제나 그 초점이 될 것이기 때문이다. 그는 논리적으로 생각하지 않고 자신만의 생활양식에 따라 생각한다.

여자가 많은 집안에 하나뿐인 아들의 위치도 힘들며 문제를 야기한다. 그런 소년은 소녀처럼 행동할 것이라는 예측이 일반적이지만, 이 관점은 다소 과장되었다. 어쨌든 우리 모두는 여자들로부터 교육을 받고 있다. 그러나 그런 경우에는 가족 전체가 여자들을 중심으로 움직일 것이기 때문에, 약간의 어려움이 있다. 어떤 집을 들어서면, 그 집에 아들이 많은지 딸이 많은지가 금방 확인된다. 가구도 다르고, 소리도 다르고, 질서도 다르다. 아들이 많은 집을 들어서면 깨어져 있는 것이 많고, 딸이 많은 집을 들어서면 모든 것이 깨끗하다.

그런 환경에서 자라는 소년은 더 남자다워 보이려고 노력할 것이다. 그렇지 않으면 그는 정말로 다른 가족들을 닮으며 여자처럼 자라게 될 것이다. 요약하면, 그런 환경에서 성장하는 소년은 부드럽거나 온건하거나 그렇지 않으면 매우 거칠 수 있다는 말이다. 거칠게 행동한다면, 이 소년은 자신이 남자라는 사실을 증명하고 강조하려고 노력하는 것처럼 보일 것이다.

소년들 틈에서 자라는 외동딸도 똑같이 어려운 상황이다. 외동딸도 매우 조용하게 여자다운 모습을 보이든가 아니면 소년들이 하는 것이면 무엇이든 하려 들고 소년처럼 커갈 것이다. 소년처럼 커가는 소녀의 경우에는 열등감을 갖고 있을 것이다. 왜냐하면 그녀가 우월한 소년들이 있는 상황에서 유일하게 소녀이기 때문이다. 그녀가 유일하게 소녀라는 그 감정 안에 열등감 콤플렉스가 들어 있다. "외동"이라는 단어에 열등감 콤플렉스가 고스란히 표현되고 있다. 그녀가 소년처럼 옷을 입고자 하고 훗날 남자들이 할 것으로 짐작되는 그런 성적 관계를 갖기를 원할 때, 우리는 이 소녀에게서 보상적인 우월감 콤플렉스의 발달을 확인할 수 있다.

첫아이가 아들이고 둘째가 딸인 경우를 논하는 것으로 가족 내 아이의 서열 문제를 마무리할까 한다. 이런 경우엔 둘 사이에 언제나 경쟁이 치열하게 전개된다. 소녀는 둘째라는 사실 때문뿐만 아니라 소녀라는 이유 때문에도 더욱 분투하게 된다. 소녀는 훈련을 더 많이 할 것이고, 따라서 매우 뚜렷한 유형의 둘째가 된다. 그녀는 대단히 활동적이고 독립심이 매우 강하다. 그러면 아들은 여동생이 경주에서 언제나 자기에게 가까이 다가서고 있다는 사실을 깨닫게 된다. 모두가 잘 알듯이, 소녀들이 육체적으로나 정신적으로나 소년들보다 훨씬 더 빨리 발달한다. 예를 들어 12세 소녀는 같은 나이의 소년보다 훨씬 더 발달되어 있다. 소년은 이것을 보면서 제대로 설명하지 못한다. 따라서 그는 자신이 열등하다고 느끼면서 포기하고 싶은 마음을 품는다. 그는 더 이상 앞으로 나아가지 않는다. 대신에 도피처를 찾기 시작한다. 간혹 예술 쪽으로 도피의 길을 찾는다. 신경증 환자나 범죄자 혹은 광인이 되는 경우도 있다. 그는 자신이 경주를 계속할 만큼 충분히 강하다고 느끼지 않는다.

이런 상황이라면 "불가능이란 없다"는 태도로도 해결하기가 힘들다. 우리가 할 수 있는 중요한 것은 그 소년에게 소녀가 앞서 가는 것처럼 보인다면 그것은 어디까지나 그녀가 더 열심히 노력하고 그렇게 노력함으로써 더 좋은 발달의 방법을 발견하기 때문이라는 점을 보여주는 것이다. 가능하다면 달리기를 하듯 경쟁하는 분위기를 완화시키기 위해 소녀와 소년을 서로 경쟁하지 않을 분야로 안내하는 것도 한 방법이다.

9장
사회적 문제와 사회적 적응

사회적 맥락

개인 심리학의 목적은 사회적 적응이다. 역설처럼 들릴지 모르겠지만, 사실은 전혀 그렇지 않다. 개인의 구체적인 심리적 삶에 주의를 기울일 때에만, 우리가 사회적 요소가 너무나 중요하다는 사실을 깨닫게 된다. 개인은 오직 사회적 맥락 안에서만 개인이 된다. 심리학의 다른 학파들은 개인 심리학과 사회 심리학을 엄격히 구분한다. 그러나 개인 심리학의 입장에서 볼 때 이런 구분은 절대로 가능하지 않다. 지금까지 우리의 논의는 개인의 생활양식을 분석하는 데로 모아졌다. 그러나 그 분석은 언제나 사회적 적응을 위한 것이었고 당연히 사회적 관점에서 이뤄졌다.

이제 우리는 사회적 적응의 문제를 더 많이 강조하면서 분석을 계속 이어갈 것이다. 논의의 대상이 되는 현실은 지금까지 살핀 그 현실과 똑같다. 그러나 생활양식의 진단에 관심을 집중하기보다 이제는 행동으로 나타나는 생활양식과 적절한 행동을 고무하는 방법에 초점을 맞출 것이다.

사회적 문제들의 분석은 앞 장의 주제였던 교육 문제의 분석과 직결된다. 학교와 유치원은 작은 규모의 사회조직이며, 우리는 그곳을 통해서 사회 부적응의 문제들을 단순한 형태로 연구할 수 있다.

5세 된 어떤 소년의 행동의 문제를 보자. 그의 어머니가 의사를 찾아와서 자기 아들이 불안해하고, 지나치게 활동적이며, 문제를 많이 일으킨다고 불평한다. 그녀는 언제나 아들 일로 바쁘며 그러다 보면 하루가 끝날 때는 파김치가 된다. 그녀는 아들을 더 이상 견뎌내지 못하겠다면서 바람직하다면 아이를 다른 곳으로 보낼 수도 있다고 말했다.

이런 세세한 행동 묘사를 들으면서 우리는 즉시 그 소년과 "동일시"할 수 있어야 한다. 말하자면 우리 자신을 그의 자리에 놓을 수 있어야 한다는 뜻이다. 만일 5세 된 아이가 지나치게 활동적이라고 하면, 우리는 그의 행동방식을 쉽게 상상할 수 있다. 어떤 사람이 매우 활동적인 5세 아이로 돌아간다면 어떤 짓을 할 것 같은가? 그는 아마 흙 묻은 지저분한 신발을 신고 탁자에 올라갈 것이다. 또 온 곳을 마구잡이로 돌아다닐 것이다. 엄마가 책을 읽으라고 하면, 그는 전등을 갖고 장난을 치며 불을 껐다가 켜기를 반복할 것이다. 아니면 엄마나 아빠가 피아노를 치길 원하든가 노래를 함께 부르길 원한다면, 아들은 과연 어떻게 할까? 고함을 내지를 것이다. 아니면 귀를 막고 소음이 짜증스럽다며 앙탈을 부릴 것이다. 그는 자신이 원하는 것을 갖지 못하게 되면 무조건 떼를 쓸 것이고, 그러면 그는 언제든 원하는 것을 갖게 될 것이다.

만약에 유치원에서 그의 행동에 주목한다면, 우리는 그 소년이 싸우기를 원하고 그의 행동 모두는 싸움을 걸기 위한 것이라고 믿게 될 것이다. 그는 밤낮으로 들떠 있는 반면에 그의 아버지와 어머니는 언제나 지쳐 있다. 소년은 결코 지치지 않는다. 부모와 달리 그는 자신이 원하지 않는 것을 할 필요가 없기 때문이다. 그는 그저 부단히 움직이며 다른 사람들을 차지하길 원할 뿐이다.

아주 특별한 한 사건이 이 소년이 관심의 초점이 되려고 어떤 식으로 노력하는지를 잘 보여준다. 어느 날 아이는 콘서트 장에 갔다. 엄마와 아빠가 연주를 하고 노래를 부르게 되어 있었다. 노래를 한창 부르는 도중에, 아이가 "아빠!"라고 외치며 콘서트 장을 돌아다녔다. 누구나 충분히 예상할 수 있는 일이었다. 그러나 그의 어머니와 아버지는 그런 행동의 이유를 이해하지 못했다. 아이가 정상적으로 행동하지 않는데도 불구하고, 그들은 그를 정상적인 아이로 다뤘던 것이다.

그러나 여기까지는 아이가 정상이었다. 그는 영리한 인생계획을 갖고 있었다. 그가 한 행동은 그 계획과 조화를 이루었다. 그리고 그의 계획을 본다면, 우리는 거기에 따를 아이의 행동을 짐작할 수 있다. 따라서 우리는 그가 정신이 박약한 아이가 아니라고 결론을 내려야 한다. 정신이 박약한 아이라면 절대로 인생계획 따위를 만들지 못하기 때문이다.

그의 어머니가 손님들을 불러놓고 파티를 즐길 때면, 그는 꼭 손님이 앉으려는 의자에만 앉겠다고 고집을 부리면서 손님들을 의자에서 밀어내곤 했다. 우리는 이런 행동 또한 어떤 식으로 그의 목표나 원형과 일치하는지를 알 수 있다. 그의 목표는 우월하고, 다른 사람들을 지배하고, 언제나 자기 아빠와 엄마의 관심을 독차지하는 것이다.

그가 응석받이로 자라곤 했으며, 응석을 받아주기만 하면 그가 싸움을 하지 않을 것이라고 우리는 판단할 수 있다. 달리 말하면, 그는 자신에게 유리했던 상황을 잃어버린 아이이다.

그렇다면 그가 유리한 상황을 어떻게 잃었을까? 대답은 그에게 남동생이나 여동생이 생겼다는 것이다. 따라서 그는 새로운 상황에 처한 5세 아이가 되었다. 왕관을 빼앗긴 상태에서 자신이 잃어버렸다고 믿는 중심의 위치를 다시 차지하기 위해 싸우고 있다. 그런 이유로 그는 아버지와 어머니가 항상 자신에게 신경을 쏟도록 만들고 있다. 또 다른 이유도 있다. 소년이 새로운 상황에 전혀 준비가 되어 있지 않다는 점이다. 응석받이로 자란 탓에 소년은 공동체 의식을 전혀 개발하지 못했다. 따라서 그는 사회적으로 적응이 되어 있지 않다. 그는 오직 자기 자신에게만 관심이 있으며, 자신의 행복에만 몰두하고 있다.

그의 어머니에게 그가 남동생에게 어떻게 대하는지 물었더니, 그 아이가 동생을 좋아하지만 동생과 함께 놀 때마다 동생을 때려 넘어뜨린다는 대답이 돌아왔다. 그런 행동이 동생에 대한 애정의 표시가 될 수는 절대로 없다.

이 행동의 의미를 충분히 이해하기 위해선 싸움을 곧잘 하면서도 항상 싸우지는 않는 소년과 이 소년을 비교해 보아야 한다. 이 소년은 싸움을 지속적으로 하지 않을 만큼 똑똑하다. 왜냐하면 아버지와 어머니가 싸움을 말릴 것이라는 점을 알기 때문이다. 따라서 이런 아이들은 이따금 싸움을 하지 않고 착한 행동을 보인다. 그러다가 호전적인 행동이 다시 나타난다. 어린 동생과 함께 놀다가 동생을 때려 넘어뜨린다는 이 소년처럼 말이다. 남동생과 놀 때 이 아이의 목표는 사실 동생을 넘어뜨리는 것이다.

그렇다면 이 소년이 자기 어머니를 대하는 행동은 어떨까? 그녀가 뺨을 가볍게 때리면, 아이는 웃거나 자기를 때려봐야 아무 소용이 없을 것이라고 말한다. 만일 그녀가 세게 때리면, 그는 한동안 조용해지다가 잠시 뒤 다시 싸움을 시작할 것이다. 여기서 소년의 모든 행동은 자신의 목표에 따라 정해지며, 그의 모든 행동은 그 목표를 향하고 있다는 사실을 알아야 한다. 그 방향성이 아주 확실하기 때문에 소년의 행동을 예측하는 것까지 가능하다. 만일 원형이 하나의 통합체가 아니거나 우리가 그 원형의 충동들의 목표를 모른다면, 우리는 아이의 행동을 예측하지 못한다.

이 소년이 바깥세상에서 삶을 시작한다고 가정해보자. 그가 유치원에 간다. 거기서 무슨 일이 벌어질 것인지 우리는 예측할 수 있다. 이 소년이 콘서트 장에 간다면, 그가 실제로 보여준 것처럼, 우리는 무슨 일이 일어날 것인지 예측할 수 있다. 대체로 그는 느슨한 환경에서는 지배하고 조금 힘든 환경에서는 지배하려고 싸울 것이다. 그렇기 때문에 유치원 선생이 엄하다면, 그가 유치원에 머무는 시간이 단축될 수 있다. 이런 경우에 소년은 구실을 찾으려 꾀를 부릴 것이다. 그는 지속적으로 긴장할 수 있고, 이 긴장이 그에게 두통이나 불안을 일으킬 것이다. 이 징후들은 신경증의 최초의 암시일 것이다.

한편 환경이 부드럽고 유쾌하다면, 그는 자신이 관심의 초점이 되고 있다고 느낄 것이다. 그런 환경이라면 그는 심지어 학교에서도 리더가 될 것이다.

우리가 보듯이, 유치원은 사회적 문제들을 안고 있는 작은 사회조직이다. 개인은 이런 문제들에 대처할 준비가 되어 있어야 한다. 공동체의 규칙을 따라야 하기 때문이다. 아이는 작은 공동체에 이로운 존재가 될 수 있어야 한다. 자신보다 다른 사람들에게 관심을 더 많이 기울일 줄 모른다면, 그는 공동체에 유익한 존재가 되지 못한다.

공립학교에 들어가도 똑같은 상황이 되풀이된다. 우리는 이런 부류의 소년에게 어떤 일이 일어날 것인지 충분히 상상할 수 있다. 사립학교라면 사정이 조금 달라질 수 있을 것이다. 그런 학교라면 일반적으로 학생 수가 작을 것이고, 따라서 학생에게 조금 더 많은 관심이 쏟아질 수 있을 것이기 때문이다. 어쩌면 어느 누구도 그가 문제아라는 것을 눈치 채지 못할 수도 있다. 오히려 이렇게 말하는 사람도 있을 것이다. "이 아이가 가장 영리하고 가장 똑똑한 학생이야." 만일 그가 학급에서 최고가 된다면, 집에서의 행동도 바뀔 수 있다. 그는 이런 식으로 탁월한 것만으로도 만족할 수 있을 것이다.

아이의 행동이 학교에 진학한 다음에 나아진다면, 당연히 아이가 자기 반에서 유리한 입장에 있거나 거기서 우월하다고 느

9장 사회적 문제와 사회적 적응

끼고 있다는 판단이 들 것이다. 그러나 대체로 그 반대가 진실이다. 집에서 사랑을 많이 받고 매우 순종적인 아이들이 종종 학교에 가서 학급을 망쳐놓는다.

앞 장에서 우리는 학교가 가정과 사회생활 그 중간에 서 있다는 이야기를 했다. 만일 이 공식을 적용한다면, 우리는 지금 논하고 있는 유형의 소년이 사회에 나갈 때 그에게 무슨 일이 벌어질 것인지를 이해할 수 있다. 인생은 그가 학교에서 간혹 경험한 것처럼 그리 녹록하지 않다. 가정과 학교에서 똑똑했던 아이들이 사회에 나가서 종종 쓸모없는 존재가 되는 경우를 보면서 사람들은 이해가 되지 않는다며 놀란다. 바로 이런 사람들이 신경증을 앓을 수 있으며, 심해지면 광기를 보일 수도 있다. 이런 사람들의 경우 성인이 될 때까지 그 원형이 호의적인 상황에 가려져 있었기 때문에, 아무도 그들의 현재 모습을 이해하지 못한다.

그러므로 우리는 호의적인 상황에 가려져 있는 그릇된 원형을 찾아내는 법을 배워야 한다. 아니면 적어도 그릇된 원형이 존재할 수 있다는 것 정도는 알아야 한다. 호의적인 상황 뒤에 숨어 있는 그릇된 원형을 찾아내기는 매우 어렵다. 그러나 원형이 그릇되었음을 보여주는 신호가 몇 가지 있다. 주의를 끌기를 원하면서도 사회적 관심이 부족한 아이는 종종 어수선하다. 어수선하게 굶으로써 아이는 다른 사람의 시간을 차지하게 될 것이다. 아이는 또한 잠을 자려 하지 않을 것이고 밤에 울거나 오줌을 쌀 것이다. 이때 아이는 어른의 불안을 갖고 놀고 있는 셈이다. 아이가 다른 사람들이 자신에게 복종하도록 만드는 데는 불안을 일으키는 것이 아주 훌륭한 무기라는 것을 알기 때문이다. 이 모든 신호들은 호의적인 상황에서조차도 나타나며, 이런 신호들을 찾아냄으로써 우리는 결론을 정확히 내릴 확률을 높일 수 있다.

인생의 임무들

그릇된 원형을 가진 어떤 소년이 성숙기로 접어들 17세나 18세에 어떤 모습으로 살게 될 것인지를 보도록 하자. 그의 앞으로 인생의 미개척지가 광활하게 펼쳐지고 있다. 아직 이 미개척지가 어떤 식으로 개척될 것인지 알지 못한다. 그의 목표와 생활양식을 보는 것이 쉽지 않다. 그러나 그도 인생을 직면해야 하기 때문에 인생의 중요한 문제들을 풀어야 한다. 사회적 문제와 직업 문제, 그리고 사랑과 결혼 문제가 그를 기다리고 있다. 이 문제들은 바로 우리를 둘러싸고 있는 인간관계들에서 비롯된다. 사회적 문제에서는 다른 사람을 대하는 우리의 행동과 인류와 인류의 미래를 보는 우리의 시각이 중요하다. 이 문제는 인류의 보존과 구원이 걸린 문제이다. 인간의 생명이 유한하기 때문에 우리 모두 힘을 합해야만 이 문제를 해결할 수 있다.

직업에 대해 말하자면, 우리는 소년이 학교에서 한 행동을 바탕으로 판단할 수 있다. 이 소년이 자신이 우월하다는 생각을 품은 채 직업을 추구한다면, 그는 그런 자리를 얻기까지 어려움을 겪을 것이다. 다른 사람에게 종속되지 않거나 다른 사람들과 함께 일하지 않아도 좋은 자리를 찾기는 어렵다. 이 소년은 자신의 행복에만 관심을 두고 있기 때문에 종속적인 자리에서 제대로 일을 처리하지 못할 것이다. 게다가, 그런 사람은 직장에서 매우 신뢰할 만한 존재가 되지 못한다. 그는 결코 자신의 이익을 기업의 이익에 종속시키지 못할 것이다.

직장에서의 성공은 대체로 사회적 적응에 좌우된다고 말해도 좋을 것이다. 이웃이나 고객의 필요를 이해하고, 그 사람들의 눈으로 보고 그 사람들의 귀로 듣고 그 사람들이 느끼는 식으로 느낄 줄 아는 능력은 직장에서 아주 큰 장점이다. 그런 사람들은 앞으로 나아갈 것이지만, 지금 우리가 논하고 있는 소년은 그렇게 하지 못할 것이다. 왜냐하면 그는 언제나 자신의 이익만을 추구할 것이기 때문이다. 그는 전진에 필요한 것 중 일부만을 개발시킬 수 있을 뿐이다. 따라서 그는 종종 직장에서 실패자가 될 것이다.

대부분의 경우 그런 사람들은 어떤 직업에 대비하여 준비를 제대로 하지 않는다. 그래서 직업을 얻는 데 대단히 많은 어려움을 겪게 된다. 그들은 아마 서른 살이 되어도 자신이 하고 싶어 하는 일이 무엇인지를 잘 모를 것이다. 그들은 공부하는 분야도 자주 바꾸고, 일자리도 자주 바꿀 것이다. 이는 그들이 어떤 길로도 적합하지 않다는 것을 보여주는 신호이다.

간혹 17세 혹은 18세 된 젊은이가 열심히 노력하려고 애를 쓰면서도 무엇을 어떻게 해야 할지 몰라서 헤매는 예를 본다. 그런 사람의 정신을 제대로 이해하고 직업선택에 대해 적절히 조언을 해주는 것이 아주 중요하다. 그러면 그는 무엇인가에 처음부터 관심을 갖고 적절히 훈련을 받을 수 있을 것이다.

그렇긴 하지만 그 나이가 되도록 자신이 무엇을 하고 싶어 하는지를 모르는 청년이 있다는 사실은 당혹스러운 일이다. 이 청년은 많은 일을 성취해보지 않은 유형이다. 집에서도 그렇고 학교에서도 그렇고, 소년이 이 나이가 되기 전에 미래의 직업에 관심을 갖게 하려는 노력이 전개되어야 한다. 학교에서는 학생들에게 글쓰기 시간에 "사회에서 하고 싶은 것들"과 같은 주제를 제시하면 된다. 그런 주제로 글을 쓸 기회를 갖는다면, 학생들은 이 문제를 정면으로 직시하지 않을 수 없게 된다. 그렇게라도 하지 않으면 자칫 학생들이 제대로 준비를 갖추지 못한 상태에서 그 나이에 이르게 된다.

젊은이가 마지막으로 직면해야 하는 문제는 사랑과 결혼의 문제이다. 인간이 남자나 여자로 살아야 하는 한, 이것이 가장 중요한 문제이다. 인간이 모두가 같은 성이라면, 이 문제는 매우 달라졌을 것이다. 말하자면 우리는 이성에게 하는 행동을 훈련해야 한다는 뜻이다. 다음 장에서 사랑과 결혼의 문제를 길게 논의할 것이다. 여기서는 사랑과 결혼이 사회적 적응의 문제들과 어떤 식으로 연결되어 있는지를 보는 것만으로 충분하다. 사회적 부적응과 직장의 부적응의 원인으로 꼽히는 사회적 관심의 결여는 또한 이성을 제대로 만나지 못하는 원인으로도 꼽힌다. 철저히 자기중심적인 사람은 결혼에 필요한 준비를 제대로 하지 못하게 된다. 정말로 성적 본능의 중요한 목적 하나가 개인을 좁은 껍질에서 끌어내 사회적 삶을 준비시키는 것인 듯하다. 그러나 우리는 그 전에 이미 심리적으로 성적 본능을 반쯤 정도 충족시킬 수 있어야 한다. 만일 우리가 자기 자신을 잊고 보다 큰 삶의 세계로 합류할 준비가 이미 되어 있지 않다면, 성적 본능이 그 기능을 제대로 완수하지 못하기 때문이다.

성격의 형성

이제 우리는 지금까지 연구해온 이 소년에 대해 몇 가지 결론을 내릴 수 있을 것이다. 우리는 그가 인생의 가장 중요한 3가지 문제 앞에서 낙담하고 패배를 두려워하는 모습을 보았다. 우리는 개인적 우월의 목표를 가진 그가 가능한 한 인생의 모든 문제들을 배제하려 드는 것을 보았다. 그렇다면 그에게 무엇이 남을까? 그는 사회에도 합류하지 못할 것이고, 타인들에게도 적대적일 것이며, 의심의 눈길을 보내며 은둔 생활을 할 것이다. 그리고 더 이상 타인들에게 관심을 두지 않기 때문에, 그는 자신이 타인들에게 어떤 모습으로 비칠 것인지에 대해서도 신경을 쓰지 않을 것이다. 그런 까닭에 그는 불결하게 누더기를 걸치게 될 것이다. 그러면서 광인의 모습을 보일 것이다. 우리가 아는 언어는 사회적으로 필요한 것이다. 그러나 이 청년은 이 언어를 사용하고 싶어 하지 않는다. 그는 말을 전혀 하지 않는다. 이는 정신분열증 환자에게 나타나는 한 특징이다.

스스로 장애물을 설치하고 인생의 모든 문제들을 막아버린 이 사람이 갈 곳은 정신병원이다. 그의 우월 목표가 은둔자처럼 타인들로부터의 고립을 불러오고, 이것이 그의 성적 충동을 바꿔놓았다. 이제 그는 더 이상 정상적인 사람으로 불리지 못한다. 우리는 그가 간혹 천국으로 날아가려 하거나, 스스로를 예수 그리스도나 중국 황제라고 생각하는 모습을 본다. 이런 식으로 그는 우월의 목표를 표현하고 있다.

자주 말했듯이, 인생의 모든 문제는 그 밑바닥을 보면 사회적 문제이다. 우리는 사회적 문제가 유치원과 공립학교, 우정, 정치, 경제생활 등에서 나타나는 것을 본다. 우리의 모든 능력이 사회적으로 인류에 이바지하는 방향으로 초점이 맞춰져야 하는 것이 분명하다.

우리는 사회적 적응력의 부족이 원형에서 시작한다는 것을 안다. 문제는 이 적응력의 부족을 때가 늦기 전에 어떻게 바로잡느냐 하는 것이다. 만일 부모가 중대한 실수를 예방하는 방법뿐만 아니라 원형에 나타난 실수들의 작은 신호들을 진단하여 그것을 바로잡는 방법까지 배울 수 있다면, 그것 자체가 엄청난 이점이 될 것이다. 그러나 이런 방법으로도 많은 것을 성취하지 못하는 것이 사실이다. 우선 그런 것을 배워서 실수를 피하겠다고 나서는 부모가 거의 없을 것이다. 부모들은 심리학이나 교육의 문제에는 관심이 없다. 그들은 자기 아이의 응석을 받아주지 않거나 자기 아이를 무결점의 보석으로 봐주지 않는 사람에게 적대심을 보일 것이다. 그렇지 않다면 아이에게 아예 관심을 두지 않는 부모일지 모른다. 따라서 부모들을 통해서는 많은 것을 성취하지 못한다. 또한 부모에게 짧은 시간 안에 많은 것을 가르치는 것도 불가능한 일이다. 부모에게 알아야 할 사항을 가르치고 조언하는 데는 엄청난 시간이 필요할 것이다. 그렇기 때문에 의사나 심리학자를 끌어들이는 것이 훨씬 더 낫다.

의사와 심리학자의 개별적인 작업을 빼고는 학교와 교육을 통해서만 최선의 결과를 얻을 수 있다. 원형의 실수들은 아이가 학교에 들어가기 전에는 대체로 나타나지 않는다. 개인 심리학의 방법들을 잘 아는 선생은 짧은 시간 안에 그릇된 원형을 파악해낼 것이다. 선생은 어떤 학생이 다른 학생과 잘 어울리는지, 아니면 어떤 학생이 앞으로 나섬으로써 관심의 중심이 되기를 원하는지를 볼 수 있다. 또한 어떤 아이가 용기 있고 어떤 아이가 용기가 부족한지를 볼 수 있다. 훈련이 잘된 선생은 첫 주 안에 아이들을 보면서 원형의 실수들을 포착해낼 수 있다.

선생들은 사회적 기능이 강조되는 직업의 성격상 아이들의 실수를 바로잡는 데 필요한 것들을 더 잘 갖추고 있다. 인류가 학교를 시작한 것은 가족이 삶의 사회적 요구를 적절히 충족시킬 수 있을 만큼 자식들을 교육시키지 못하기 때문이다. 학교는 길게 뻗은 가족의 손이나 다름없다. 아이의 성격도 주로 학교에서 형성되고, 아이가 인생의 문제에 도전하는 법을 배우는 곳도 학교이다.

필요한 것은 학교와 선생들이 임무를 적절히 수행하는 데 필요한 심리학적 통찰력을 갖추는 것뿐이다. 미래에는 학교가 개인 심리학의 원리에 따라 움직일 것이 확실하다. 왜냐하면 학교의 진정한 목표가 각 개인의 성격을 구축하는 것이기 때문이다.

10장
사회적 감각과 상식

사회적 유용성

사회적 부적응이 열등감과 우월을 추구하려는 노력의 사회적 결과로 나타난다는 것을 우리는 확인했다. 열등감 콤플렉스와 우월감 콤플렉스라는 용어 자체가 이미 부적응이 일어난 결과를 표현하고 있다. 이 콤플렉스들은 생식세포 안에 들어 있는 것도 아니고 피에 들어 있는 것도 아니다. 그것들은 단지 개인과 사회적 환경이 서로 작용하는 과정에서 일어난다. 그렇다면 이 콤플렉스들이 모든 개인에게 다 나타나지 않는 이유는 무엇인가? 모든 개인은 열등감을 갖고 있으며 또 성공과 우월을 추구하고 있다. 이것들이 정신생활을 구성하는 요소들이다. 모든 개인이 다 콤플렉스를 갖지 않는 이유는 그들의 열등감과 우월감이 사회적으로 유익한 경로로 돌려질 수 있는 심리적 메커니즘을 갖추고 있기 때문이다. 이 메커니즘의 원천은 사회적 관심과 용기, 사회성, 상식의 논리 등이다.

이 메커니즘의 순기능과 역기능을 보도록 하자. 열등감이 아주 크지 않은 이상, 아이는 언제나 스스로 가치 있는 존재가 되어 삶의 유익한 쪽에 서려고 노력할 것이다. 그런 아이는 자신의 목적에 닿기 위해 타인들에게 관심을 갖는다. 사회적 감각과 사회적 적응은 올바르고 정상적인 보상이다. 어떤 의미에서 보면 아이든 어른이든 우월을 얻고자 노력하면서 발전을 이루지 못하는 것이 오히려 이상하다. 진정으로 "나는 남들에게 관심이 없어."라고 말하는 사람은 하나도 없다. 어떤 사람이 그런 식으로 행동할 수 있을지도 모르겠다. 세상에 대한 관심을 놓아 버린 사람처럼 말이다. 그러나 이 사람은 스스로를 정당화하지 못한다. 반대로 이 사람은 사회적 적응력의 부족을 숨기기 위해 자신이 타인에게 관심이 있다고 주장한다. 이것이 사회적 감각이 보편적임을 보여주는 무언의 증거이다.

숨겨진 콤플렉스

그럼에도 불구하고 부적응은 일어난다. 우리는 증상이 가벼운 환자들을 고려함으로써 그 부적응의 시작을 연구할 수 있다. 열등감 콤플렉스가 있긴 하지만 호의적인 환경 때문에 공개적으로 드러나지 않고 있는 그런 예들이다. 그렇다면 콤플렉스가 숨어 있거나 적어도 그것을 숨기려는 성향이 드러날 것이다. 따라서 만일 어떤 사람이 곤경에 직면하지 않는다면, 그는 완벽하게 만족하는 것처럼 보일 것이다. 그러나 그를 세밀히 관찰한다면, 그의 말이나 의견을 통해서는 아니라 하더라도 적어도 그의 태도를 통해서는 그가 열등감을 느끼고 있다는 것이 확인될 것이다. 이것이 열등감 콤플렉스이며, 과도한 열등감으로 인해 나타난다. 이런 콤플렉스로 힘들어 하는 사람들은 언제나 자기중심적인 태도 때문에 스스로 지게 된 부담으로부터 해방되기를 갈구하고 있다.

"난 열등감 콤플렉스에 시달리고 있어."라고 고백하는 사람이 있는가 하면, 열등감 콤플렉스를 숨기는 사람도 있다. 이들이 이 콤플렉스를 어떤 식으로 숨기는지를 관찰하는 것도 유익하다. 열등감 콤플렉스를 털어놓는 사람들은 언제나 그 고백으로 인해 자신이 고양되는 느낌을 받는다. 그들은 자신이 그런 고백을 하지 못하는 사람들보다 더 훌륭하다고 생각한다. 그들은 스스로에게 이렇게 말한다. "나는 정직해. 내가 겪는 고통의 원인에 대해서까지 거짓말을 할 필요는 없잖아." 그러나 열등감 콤플렉스를 고백하는 순간, 그들은 삶이나 그런 상황을 야기한 다른 환경에서 어려움에 처해 있다는 사실을 털어놓게 된다. 그들은 부모나 가족에 대해서, 교육을 잘 받지 못한 사실에 대해서, 아니면 사고나 해고, 억압 혹은 다른 것에 대해서 말하게 될 것이다.

열등감 콤플렉스가 그에 대한 보상으로 생겨난 우월감 콤플렉스에 가려져 있는 경우가 종종 있다. 그런 사람들은 건방지고, 완고하고, 기만적이고, 속물적이다. 그들은 행동보다 겉모양을 더 중요하게 여긴다.

이런 유형의 사람이 노력하는 모습을 지켜보고 있으면 초반에 일종의 무대공포증 같은 것이 확인될 것이다. 이 공포증이 그 사람의 모든 실패의 구실로 이용될 것이다. 그 사람은 "만일 무대 공포증만 없다면 내가 못할 게 뭐가 있겠어!"라고 말한다. 이처럼 "만일"로 시작하는 문장은 대체로 열등감 콤플렉스를 감추고 있다.

열등감 콤플렉스는 수줍음과 조심성, 점잔 외에 인생의 중요한 문제를 배제하려 하고 원칙과 규칙의 제약을 많이 받는 좁은 분야를 추구하려는 등의 특징으로도 파악될 수 있다. 만일 어떤 사람이 항상 지팡이에 기대고 있다면, 그것 또한 열등감 콤플렉스의 신호이다. 그런 사람들은 자신을 신뢰하지 못하며 이상한 쪽으로 관심을 발달시킬 것이다. 그들은 신문이나 광고지를 수집하는 따위의 사소한 일로 언제나 바쁘다. 그들은 이런 식으로 시간을 낭비하면서도 언제나 핑계를 댄다. 그들은 쓸모없는 쪽으로 훈련을 지나치게 많이 하며, 이 훈련이 오래 지속되면 강박 신경증을 낳게 된다.

신경증의 징후들

대체로 보면 모든 문제아들에게 열등감 콤플렉스가 숨어 있다. 아이들이 겉으로 드러내는 문제의 유형을 불문하고 그들에겐 어김없이 열등감 콤플렉스가 숨어 있다. 한 예로 게으름을 피우는 것은 사실 인생의 중요한 임무들을 배제하는 것이고 어떤 콤플렉스의 신호이다. 훔치는 것은 다른 사람의 위험이나 부재를 이용하는 것이며, 거짓말을 하는 것은 진실을 말할 용기가 없어 그러는 것이다. 아이들에게 나타나는 이 모든 것들의 핵심에는 열등감 콤플렉스가 자리 잡고 있다.

신경증은 열등감 콤플렉스가 더 심해진 형태이다. 어떤 사람이 불안신경증을 앓고 있을 때, 그 사람이 어찌 마음먹은 바를 성취하지 못할 수 있겠는가! 그는 누군가가 자기를 동행하도록 하기 위해 끊임없이 노력할 것이다. 만일 그렇게 한다면, 그는 자신의 목적을 달성하게 된다. 그는 다른 사람이 자기를 돕도록 만들고 다른 사람이 자기 문제에 몰두하도록 만든다. 여기서 우리는 열등감 콤플렉스에서 우월감 콤플렉스로 넘어가는 것을 확인한다. 다른 사람이 자신에게 봉사하도록 하다니! 다른 사람이 자신에게 전념하게 하면서, 신경증 환자는 우월한 존재가 된다. 광인에게서도 이와 비슷한 전개가 발견된다.

콤플렉스가 일어나는 이 모든 예들에서, 그들이 사회적이고 유익한 경로로 활동하지 못하는 이유는 용기 부족이다. 그들이 사회적 과정을 밟지 못하도록 막는 것은 바로 이 용기의 부족이다. 용기의 결여 바로 옆에는 사회적 과정의 필요성과 유용성을 이해하지 못하는 지적 실패가 자리 잡고 있다.

열등감 콤플렉스의 가장 탁월한 예인 범죄자들의 행동에서 이 모든 것이 가장 분명하게 드러난다. 범죄자들은 겁쟁이이며 또 어리석다. 그들의 소심함과 사회적 어리석음은 똑같은 성향의 두 부분이다.

알코올 중독도 비슷하게 분석될 것이다. 주정뱅이는 자신의 문제에서 해방되기를 바라면서도 겁이 많아서 삶의 쓸모없는 면에서 얻는 위안에 만족한다.

이런 사람들의 사상적 및 지적 관점은 정상적인 사람들의 용기 있는 태도에 수반되는 사회적 상식과는 극적일 만큼 대조적이다. 예를 들어 범죄자들은 언제나 변명을 늘어놓고 타인을 탓한다. 그들은 돈벌이가 되지 않는 노동 조건을 언급한다. 그들은 자신을 받쳐주지 않는 사회의 잔인성에 대해 이야기한다. 아니면 그들은 목구멍이 포도청이라고 말한다. 판결이 내려질 때, 범죄자들은 언제나 어린이 살해범 힉맨과 같은 구실을, 말하자면 "저 높은 곳의 명령이었어!"라는 식의 핑계를 대려 한다. 또 다른 살인범은 판결이 내려지자마자 "그 소년과 같은 인간이 무슨 쓸모가 있어? 그런 소년은 수도 없이 많아."라고 말했다. "철학자" 같은 범죄자도 있다. 이 범죄자는 가치 있는 많은 사람들이 굶어죽고 있는 상황에 돈 많은 늙은 여자를 죽이는 것은 그다지 나쁘지 않다고 주장한다.

이 주장들의 논리가 참으로 무섭다. 또 너무도 어처구니가 없다. 이런 사람들의 전체적인 관점은 사회적으로 쓸모가 없는 그들의 목표에 의해 형성된다. 그 목표를 선택한 것이 용기가 부족한 때문인 것과 똑같다. 그들은 언제나 자신을 정당화해야 한다. 반면에 삶의 유익한 면에 자리 잡은 목표는 어떠한 말도 필요로 하지 않으며 어떠한 변명도 필요로 하지 않는다.

임상사례

사회적 태도와 목표가 어떤 식으로 반사회적인 태도와 목표로 바뀌는지를 잘 보여주는 임상사례들을 보자. 첫 번째 예는 14세가 다 된 어느 소녀이다. 그녀는 정직을 소중히 여기는 가정에서 자랐다. 열심히 일하는 근로자인 아버지는 능력껏 가족을 부양했으나 그만 병에 걸리고 말았다. 어머니는 선하고 정직했으며 모두 여섯 명인 자식들에게 많은 관심을 쏟았다. 첫째 아이는 명석한 소녀였으나 12세에 죽고 말았다. 둘째 소녀는 병에 걸렸으나 훗날 회복하여 취직을 해 가족들의 생계를 도왔다. 그 다음이 지금 살피려고 하는 소녀이다. 이 소녀는 언제나 매우 건강했다. 어머니는 아픈 딸들과 남편을 뒷바라지하느라 이 소녀를 돌볼 시간이 거의 없었다. 이 소녀를 앤이라 부를 것이다. 앤보다 어린 남동생도 영리했으나 아팠으며, 그 결과 앤은 말하자면 사랑을 매우 많이 받는 다른 두 형제들 틈에서 짓눌리는 듯한 느낌을 받았다. 그녀는 착한 아이였으나 자신이 다른 아이들만큼 사랑을 받지 못한다고 느꼈다. 그녀는 무시당하고 억압당하는 느낌이 든다고 불평을 터뜨렸다.

그러나 학교에 가면 앤은 곧잘 했다. 그녀는 최고의 학생이었다. 그녀가 공부를 잘 했기 때문에, 선생은 그녀에게 공부를 계속할 것을 권했다. 그녀는 13살 반일 때 고등학교로 진학했다. 여기서 그녀가 새 선생을 만났는데, 이 선생이 그녀를 좋아하지 않았다. 그녀는 아마 처음에는 훌륭한 학생이었을 것이다. 그러나 어쨌든 자신에 대한 평가가 시들해지자, 그녀는 점점 더 나빠졌다. 그녀는 옛날의 선생에게 칭찬을 들을 때에는 문제아가 아니었다. 그녀는 성적도 좋았고 급우들로부터도 사랑을 받았다. 그때 개인 심리학자가 있었더라면 아마 그녀의 친구들을 보는 것만으로도 뭔가가 잘못되었다는 사실을 간파할 수 있었을 것이다. 그녀는 언제나 친구들을 비판하고 있었고 그들을 지배하기를 원했다. 그녀는 관심의 초점이 되고 아첨의 소리를 듣길 원했으나 비난을 당한 적은 없었다.

앤의 목표는 자신의 진가를 인정받고 사랑을 받고 보살핌을 받는 것이었다. 그녀는 이것을 오직 학교에서만 이룰 수 있다는 사실을 깨달았다. 집에서는 불가능한 일이었다. 그러나 새 학교에서 그녀는 평가가 차단된다는 사실을 깨달았다. 선생은 준비를 제대로 안 한다고 나무라면서 그녀에게 나쁜 점수를 주었다. 그래서 마침내 그녀는 무단으로 결석을 하기에 이르렀다. 그녀가 학교로 돌아왔을 때, 사태는 더욱 나빠져 있었다. 마침내 선생은 그녀를 학교에서 내쫓아야 한다고 주장했다.

학교로부터의 제적은 아무것도 이루지 못한다. 그것은 학교와 선생의 편에서 자신들로서는 그 문제를 해결할 능력이 없다고 고백하는 것이나 마찬가지다. 그러나 만일 이 문제를 풀 수 없다면, 그들은 문제를 해결할 수 있는 다른 사람을 끌어들여야 한다. 아마 그녀의 부모와 대화를 한 뒤에 다른 학교로 전학을 보낸다든지 하는 방법이 모색될 수도 있었을 것이다. 아마 앤을 더 잘 이해할 선생도 있을 수 있는 일이었다. 그러나 그녀의 선생은 그런 식으로 추론하지 않고 이런 식으로만 생각했다. "무단결석을 하는 학생은 제적당해야 해." 이런 식의 사고는 지극히 개인적인 논리일 뿐이다. 상식의 표현은 절대로 아니다. 선생이라면 상식을 특별히 잘 갖춰야 하는 존재가 아닌가.

그 다음에 무슨 일이 일어났는지, 우리는 짐작할 수 있다. 소녀는 인생의 마지막 버팀목을 잃어버렸으며, 모든 것이 자기를 배신하고 있다는 느낌을 받았다. 학교에서 제적된 것 때문에, 그녀는 그나마 가정에서 누리던 약간의 평가마저도 잃어버렸다. 그래서 그녀는 가정과 학교에서 동시에 달아났다. 그녀는 며칠 동안 사라졌다. 최종적으로 그녀는 어느 군인과 연애사건을 일으켰.

우리는 그녀의 행동을 쉽게 이해할 수 있다. 그녀의 목표는 자신의 진가를 평가받는 것이었다. 이때까지 그녀는 삶의 유익한 쪽을 향해 훈련을 받았다. 그러나 지금은 쓸모없는 쪽으로 훈련을 시작했다. 이 군인은 처음엔 그녀를 평가해주며 좋아했다. 그러나 훗날 가족은 그녀로부터 임신을 했으며 독약을 먹고 죽고 싶다는 내용의 편지를 받았다.

자기 가족에게 편지를 쓰는 이 행동은 그녀의 성격을 그대로 반영하고 있다. 그녀는 언제나 칭찬의 소리를 들을 수 있는 쪽을 향하고 있지 않았는가. 그러다 마침내 그녀는 집으로 돌아왔다. 그녀는 어머니가 깊은 절망에 빠져 있을 것이며 그래서 꾸지람을 듣지 않을 것이라는 사실을 미리 잘 알고 있었다. 가족은 그녀를 다시 찾은 데 대해 감사하기만 할 것이라고 그녀는 생각했다.

이런 부류의 환자를 다룰 때, 동일시, 즉 나 자신이 동정적으로 환자의 입장이 되어 보려는 노력이 정말로 중요하다. 여기에 자신의 진가를 평가받고 싶어 하며 이 한 가지 목표를 향해 매진하는 사람이 있다. 그러면 우리는 이 사람과 우리 자신을 동일시하면서 스스로에게 "내가 저 처지라면 어떻게 할까?"라고 물어보아야 할 것이다. 성별과 나이도 고려해야 한다. 우리는 언제나 그 사람을 격려해야 한다. 반드시 그녀가 인생의 쓸모 있는 쪽으로 향하도록 격려해야 한다. 우리는 그녀가 이런 식으로 말할 수 있도록 격려하고 노력해야 한다. "학교를 바꿔야겠어. 그렇다고 내가 퇴보하는 것은 아니야. 내가 공부를 충분히 안 했을 수도 있어. 아마 내가 나 자신을 제대로 모르고 있을 수도 있고. 아마 학교에서 지나치게 개인적인 감정을 내세우다가 그만 선생님을 이해하지 못하게 되었을 거야." 만일 용기를 불어넣는 것이 가능하다면, 상대방은 유익한 쪽으로 스스로를 훈련하는 방법을 배울 것이다. 어떤 사람을 망쳐놓는 것은 열등감 콤플렉스와 결합된 용기의 부족이다.

소녀의 처지에 다른 사람을 대입해보자. 예를 들어 그녀와 같은 또래의 소년이었다면 범죄자가 되었을 것이다. 그런 예가 종종 있다. 만일 소년이 학교에서 용기를 잃는다면, 그는 학교를 멀리하고 폭력조직에 들어갈 가능성이 있다. 그런 행동도 쉽게 이해된다. 희망과 용기를 잃게 되면, 그는 게으름을 피우기 시작하고, 핑계를 둘러대고, 숙제를 하지 않고, 무단결석을 하고 숨어 지낼 장소를 물색할 것이다. 그런 장소에서 그는 자기와 똑같은 길을 먼저 걸은 동료들을 발견할 것이며 그러다 폭력조직의 조직원이 될 것이다. 그는 학교에 대한 모든 관심을 잃고 자기식의 이해를 더욱더 많이 발달시킬 것이다.

격려! 격려! 또 격려!

열등감 콤플렉스는 종종 어떤 사람이 자신에겐 전문적인 능력이 전혀 없다고 생각하는 것과 연결되어 있다. 재능을 타고난 사람이 있는 반면에 재능을 타고나지 못한 사람도 있다는 생각은 흔히들 품는 그릇된 생각이다. 그런 관점 자체가 열등감 콤플렉스의 한 표현이다. 개인 심리학에 따르면, 우리 모두는 무엇이든 성취할 수 있다. 소년이나 소녀가 이 격언을 따르다가 절망하여 인생에 유익한 면으로는 자신의 목표를 성취할 수 없다고 느낀다면, 그것은 열등감 콤플렉스의 한 신호이다.

열등감 콤플렉스의 또 다른 측면은 타고난 특성에 대한 믿음이다. 만일 이 믿음이 정말로 진리라면, 말하자면 성공이 철저히 타고난 능력에만 좌우된다면, 심리학자는 아무에게도 도움이 되지 못한다. 그러나 실제로 보면 성공은 용기에 크게 좌우된다. 심리학자의 임무는 절망감을 유익한 일의 성취에 필요한 에너지를 결집시킬 희망으로 바꿔놓는 것이다.

16세 전후의 젊은이들이 학교에서 쫓겨난 것을 비관하여 자살을 하는 경우가 간혹 있다. 자살은 일종의 복수이다. 말하자면 사회를 고발하는 것이다. 자살은 이 젊은이들이 상식이 아닌 자신만의 지극히 개인적인 논리로 스스로를 뒷받침하는 한 방법이다. 자살을 고민하는 청년 앞에서 우리가 할 수 있는 것은 그 청년을 설득시켜 우리 편으로 만들고 그런 다음에 그에게 유익한 길을 걸을 용기를 주는 것뿐이다.

다른 예도 많다. 집에서 사랑을 받지 못한 11세 된 소녀를 보자. 다른 아이들이 더 많은 사랑을 받는 것을 보면서, 그녀는 자신이 원하지 않은 아이라고 느꼈다. 그녀는 투정을 부리고,

고집쟁이이고, 말을 잘 듣지 않았다. 아주 쉽게 분석할 수 있는 예이다. 이 소녀는 자신이 제대로 평가를 받지 못한다고 느꼈다. 처음에는 그녀도 노력하려 했으나 그러다 희망을 잃어버렸다. 어느 날부터 그녀는 물건이나 돈을 훔치기 시작했다. 개인심리학에서 보면 아이가 훔치는 것은 범죄이기보다는 그 아이가 스스로를 풍요롭게 만들려는 노력의 하나이다. 어떤 사람이 박탈당했다는 느낌을 받지 않는다면, 스스로를 풍요롭게 하는 것은 불가능하다. 따라서 소녀의 절도 행위는 그녀가 집에서 겪는 애정 결핍과 절망감의 결과이다. 아이들의 경우에는 박탈감을 느낄 때 훔치기 시작한다는 것을 우리는 언제나 볼 것이다. 그 박탈감이 사실을 반영하는 것이 아닐 수도 있다. 그럼에도 불구하고 그것이 그들의 행동의 심리적 원인인 것은 사실이다.

또 다른 예는 8세 난 소년이다. 혼외 관계에서 태어나 양부모와 함께 살고 있는 조금 추해 보이는 소년이다. 양부모는 그 아이를 정성껏 돌보지도 않았으며 훈육도 제대로 시키지 않았다. 가끔 어머니가 아이에게 캔디를 주었는데 이것이 그의 삶에서 유일하게 밝은 면이었다. 캔디가 떨어지면 이 불쌍한 소년은 대단히 힘들어했다. 그의 어머니가 어떤 늙은이와 결혼했으며 둘 사이에서 아이가 태어났다. 이 아이야말로 늙은 남자의 유일한 낙이었다. 그는 이 아이의 응석을 끊임없이 받아주었다. 이 부부가 소년을 옆에 둔 유일한 이유는 그를 밖에서 활동하게 하는 데 따를 비용을 아끼기 위해서였다. 노인이 집에 돌아올 때면, 그의 손엔 어김없이 어린 딸에게 줄 캔디가 쥐어져 있었으나 소년을 위한 것은 아무것도 없었다. 그 결과 소년은 캔디를 훔치기 시작했다. 그가 캔디를 훔친 것은 박탈감을 느끼던 터에 자신을 풍성하게 만들고 싶었기 때문이다. 아버지는 캔디를 훔친다는 이유로 소년을 때렸지만, 그래도 소년은 훔치길 계속했다. 이 정도 되면 사람들은 소년이 두들겨 맞아가면서까지 계속 훔쳤다는 점에서 용기를 보여주었다고 생각할지 모르겠다. 그러나 사실은 그렇지 않다. 소년은 언제나 발각되지 않을 것이라는 희망을 품었다.

  이는 가족의 소중한 구성원이라는 것이 무슨 의미인지를 한 번도 경험해보지 못한, 미움을 사는 아이의 예이다. 우리는 이 아이를 설복시켜야 한다. 그에게 공동체의 구성원으로 살 기회를 주어야 한다. 그가 자신과 다른 사람을 동일시하고 타인의 입장에서 생각하는 방법을 배울 때, 그는 자신이 훔치는 것을 알았을 때 양부의 아버지가 어떤 느낌을 받을 것이며 캔디가 없어진 것을 알게 되었을 때 어린 여동생이 어떤 느낌을 받을 것인지를 이해하게 될 것이다. 여기서 다시 우리는 사회적 감각의 결여와 이해의 결여, 용기의 결여가 서로 어우러져 열등감 콤플렉스를 형성하는 것을 보고 있다. 이 경우에는 가족들에게 미움을 받는 아이의 열등감 콤플렉스이다.

11장
사랑과 결혼

준비의 중요성

사랑과 결혼을 위한 적절한 준비는 무엇보다 공동체의 일원이 되고 사회적으로 적응을 잘하는 것이다. 이 같은 일반적인 준비와 함께, 섹스 본능의 훈련도 어린 시절부터 성인 때까지 제대로 되어 있어야 한다. 이 훈련은 어릴 때부터 명백한 이 본능을 결혼과 가정 안에서 정상적으로 충족시킨다는 목적을 갖고 있다. 사랑과 결혼의 모든 능력과 무능력, 성향도 태어나서 몇 년 동안에 형성되는 원형 안에서 발견된다. 이 원형의 특징들을 관찰함으로써, 우리는 아이가 성인이 되어 겪게 될 문제들을 예측할 수 있다.

우리가 사랑과 결혼에서 봉착하는 문제들은 일반적인 사회적 문제들과 성격이 같다. 사랑과 결혼에도 똑같은 어려움과 똑같은 임무가 있다. 사랑과 결혼을 자신의 욕망대로 모든 것을 할 수 있는 낙원으로 보는 것은 실수이다. 거기에도 도처에 임무가 있으며, 이 임무도 다른 사람의 이익을 언제나 먼저 생각하는 가운데서 성취되어야 한다.

사회적 적응이라는 일반적인 문제 그 이상으로, 사랑과 결혼은 예외적일 만큼 큰 공감을, 말하자면 나 자신을 상대방과 동일시하는 능력을 요구한다. 만일 오늘날 가족생활에 필요한 준비를 적절히 갖춘 사람들이 거의 없다면, 그것은 그들이 다른 사람의 눈으로 보고, 다른 사람의 귀로 듣고, 다른 사람의 가슴으로 느끼는 방법을 배우지 못했기 때문이다.

앞의 여러 장에서는 주로 자기 자신에게만 관심을 쏟고 다른 사람들에게는 관심을 두지 않는 유형의 아이에 초점을 맞췄다. 이런 유형은 육체적 성적 본능이 성숙한다고 해도 하룻밤 사이에 자신의 성격을 바꾸지 못한다. 그는 마찬가지로 사랑과 결혼에도 제대로 준비를 갖추지 못할 것이다. 사회생활에 필요한 준비를 하지 못한 것과 똑같다.

사회적 관심은 서서히 성장한다. 아주 어릴 때부터 사회적 관심을 갖는 방향으로 훈련을 진정으로 받은 사람만이, 그리고 언제나 인생에 유익한 쪽으로 노력하는 사람만이 사회적 감각을 실제로 얻게 될 것이다. 바로 이런 이유로 어떤 사람이 이성과 함께 살 준비가 진정으로 되어 있는지 여부를 확인하는 것은 특별히 어려운 일이 아니다. 삶의 유익한 측면과 관련하여 우리가 관찰한 것들만을 기억하기만 하면 된다. 삶의 유익한 쪽에 서 있는 사람은 용기가 있고 자기 자신에 대한 확신을 갖고 있다. 그는 인생의 문제들을 직시하며 해결책을 찾으려고 노력한다. 또 동료와 친구들을 두고 있으며 이웃과도 잘 어울려 지낸다. 이런 특징이 없는 사람은 신뢰할 만한 인물이 못되며 사랑과 결혼의 상대로 적절하지 못하다. 한편 어떤 사람이 직업을 갖고 있으며 직장 안에서 순조롭게 앞으로 나아가고 있다면 우리는 이 사람에 대해 결혼할 준비가 제대로 되어 있다고 결론을 내릴 것이다. 우리는 아주 작은 신호를 바탕으로 판단을 하는데 이 사소한 신호가 매우 중요하다. 그것이 어떤 사람이 사회적 관심을 갖고 있는지 여부를 말해준다는 점에서 그렇다.

남녀 평등

사회적 감각의 본질을 이해하게 되면, 사랑과 결혼의 문제들은 오직 평등이라는 바탕 위에서만 만족스럽게 해결될 수 있다는 점이 드러난다. 이처럼 공평한 조건을 갖추는 것이 결정적으로 중요하다. 한 파트너가 상대방을 존중하는지 여부는 그다지 중요하지 않다. 사랑 그 자체로는 아무것도 해결하지 못한다. 사랑에도 온갖 종류가 다 있기 때문이다. 사랑이 올바른 경로를 밟고 또 결혼생활을 성공으로 만들 수 있는 것은 적절한 평등의 바탕이 있을 때뿐이다.

남자나 여자 중 어느 한 쪽이 결혼 후에 정복자가 되기를 원한다면, 그 결과는 치명적일 것이다. 그런 생각을 마음에 품은 상태에서 결혼을 예상하는 것은 올바른 준비가 아닌데, 결혼 후의 사건들이 이 같은 사실을 증명할 가능성이 크다. 정복자의 자리가 있을 수 없는 곳에서 정복자가 되는 것은 불가능한 일이다. 결혼생활은 다른 사람에 대한 관심과 자기 자신을 다른 사람의 입장에 놓을 줄 아는 능력을 요구한다.

끌림의 역학

이제 결혼에 필요한 특별한 준비를 보자. 앞에서 본 바와 같이, 이 준비는 성적 끌림의 본능과 연결된 사회적 감각의 훈련을 포함한다. 사실 모든 사람은 어린 시절부터 이성의 이상형을 마음속에 그린다. 어떤 소년의 경우에는 자기 어머니가 이상형의 형성에 큰 역할을 할 수 있다. 소년은 언제나 어머니와 비슷한 유형의 여자와 결혼하기를 원할 것이다. 간혹 불행하게도 어머니와 긴장 관계를 유지하는 소년이 있다. 그런 경우에 소년은 아마 어머니와 반대되는 유형의 소녀를 찾을 것이다. 아이와 어머니의 관계와 그가 훗날 결혼할 여성의 유형 사이에 아주 밀접한 관계가 있기 때문에, 우리는 아이의 이상형을 눈과 생김새, 머리 색깔 같은 것까지 세세하게 제시할 수 있다.

만일 어머니가 소년을 지배하고 억압하고 있다면, 소년은 사랑하고 결혼할 때가 되어도 용감하게 선뜻 나서려 하지 않을 것이다. 그럴 경우에 그의 성적 이상형은 허약하고 순종적인 유형의 소녀가 될 가능성이 크다. 그렇지 않고 만일 그가 싸우길 좋아하는 유형이라면, 그는 결혼 후에 자기 아내와도 싸우며 그녀를 지배하려 들 것이다.

어떤 사람이 사랑의 문제에 직면할 때, 그가 어린 시절에 보였던 모든 조짐들이 더욱 두드러지고 강해진다. 열등감 콤플렉스에 시달리고 있는 사람이 성적인 문제에서 어떤 식으로 행동할 것인지, 우리는 쉽게 상상할 수 있다. 아마 그 사람은 스스로 약하고 열등하다고 느끼는 탓에 언제나 다른 사람의 도움을 받기를 원할 것이다. 종종 그런 유형은 성격적으로 어머니 같은 여자를 이상형으로 여길 것이다. 아니면 간혹 자신의 열등감에 대한 보상으로 사랑에서 정반대의 방향을 택하며 오만하고 뻔뻔스럽고 공격적으로 변할 수 있다. 그렇다 하더라도 만일 그가 대단한 용기를 갖추지 못했다면, 그는 선택에 많은 제약을 받을 것이다. 그는 아마 살벌한 전투에서 정복자가 되는 것이 훨씬 더 명예롭다고 판단하면서 엉뚱하게도 싸움하길 좋아하는 여자를 선택할 것이다.

남녀 할 것 없이 이런 식으로 행동해서는 사랑과 결혼에서 성공하는 모습을 보이지 못한다. 성적 관계를 열등감 콤플렉스나 우월감 콤플렉스의 충족에 이용하는 것은 어리석고도 우스꽝스러워 보인다. 그런데도 이런 일이 아주 자주 일어나고 있다. 면밀히 들여다보면, 우리는 많은 사람들이 찾고 있는 짝이 사실은 희생자라는 사실을 확인할 수 있다. 그런 사람들은 성적 관계가 그런 식으로 악용될 수 있다는 것을 이해하지 못한다. 왜냐하면 한 사람이 정복자가 되려고 노력하면, 다른 한 사람도 역시 정복자가 되기를 원할 것이기 때문이다. 그 결과 공동생활이 불가능해진다.

파트너 선택에 나타나는 특징들 중에서 이해가 잘 안 되는 부분이 있거든 콤플렉스를 충족시키기 위해서라는 설명을 한번 떠올려보라. 그러면 쉽게 이해가 될 것이다. 어떤 사람이 병약하거나 늙은 사람을 선택하는 이유도 바로 거기에 있다. 약하거나 늙은 사람이 다루기에 좀 더 쉬울 것으로 여겨지기 때문이다. 간혹 이런 부류의 사람은 이미 결혼한 사람을 파트너로 찾기도 한다. 어떤 문제의 해결을 영원히 피하고 싶어 하는 예이다. 간혹 두 사람을 동시에 사랑하는 사람도 있다. 앞에서 설명했듯이, "두 사람이 한 사람보다 못할 수 있기" 때문이다.

열등감 콤플렉스에 시달리는 사람이 직업을 바꾸고, 문제를 직면하길 거부하고, 일들을 결코 마무리 짓지 않는 이유를 우리는 앞에서 살펴보았다. 이런 사람은 사랑의 문제에 직면해서도 비슷한 행동을 보일 것이다. 결혼한 사람을 사랑하거나 동시에 두 사람을 사랑하는 것은 그 사람의 습관적인 성향을 만족시키는 방법이다. 이 외에 결코 결혼으로 골인하지 않는, 지나치게 긴 기간의 약혼 또는 영원한 구애의 방법도 있다.

영원한 응석받이

응석받이 아이들은 결혼 생활에서도 그 모습을 그대로 보인다. 그들은 파트너가 응석을 받아주길 원한다. 구애의 초기 단계나 결혼 초기 몇 년 동안에는 그런 상태도 별 위험 없이 지탱될 수 있다. 그러나 조금 지나면 복잡한 상황이 벌어질 것이다. 응석받이로 자란 두 사람이 결혼할 때 어떤 일이 벌어질지 우리는 상상할 수 있다. 둘 다 상대방이 응석을 받아주기를 바란다. 어느 누구도 응석을 들어주는 입장이 되려 하지 않는다. 마치 두 사람이 서로 내놓지 않을 것을 기대하며 마주보며 서 있는 것 같다. 그러면 두 사람 모두 상대방이 자신을 이해해주지 않는다는 느낌을 받는다.

어떤 사람이 자신이 오해를 받고 있고 자신의 활동이 제약을 받고 있다고 느낄 때 무슨 일이 벌어질 수 있는지 우리는 이해할 수 있다. 그 사람은 열등감을 느끼고 거기서 달아나길 원한다. 이런 감정은 결혼관계에 특히 나쁘게 작용한다. 만일 극단적인 절망감이 일어난다면, 특히 더 나빠진다. 한 쪽이 상대방의 인생을 방해하길 원한다. 그렇게 하는 가장 흔한 방법이 바로 외도이다. 외도는 언제나 복수이다. 정말이지, 외도를 저지른 사람들은 언제나 사랑과 감정을 이야기함으로써 스스로를 정당화하려 한다. 그러나 우리는 감정과 정서의 가치를 잘 안다. 감정과 정서는 언제나 우월의 목표와 일치하며, 변명 외의 다른 것으로 여겨져서는 안 된다.

한 예로, 응석받이로 성장한 여인이 있다. 이 여인은 언제나 다른 형제의 그늘에 가려져 있다고 느끼던 남자와 결혼했다. 우리는 이 남자가 이 외동딸의 부드러움과 온화함에 끌렸다는 것을 알 수 있다. 이 소녀는 언제나 좋은 소리를 듣고 총애받기를 원하는 사람이었다. 둘 사이에 아이가 태어날 때까지, 결혼은 꽤 행복했다. 아이가 생기면서 둘 사이에 어떤 일이 벌어졌는지를 우리는 예측할 수 있다. 아내는 관심의 중심이 되기를 원했기에 아이가 그 자리를 차지하게 되지 않을까 두려웠다. 그래서 그녀는 아이를 낳으면서도 썩 행복하지 않았다. 한편 남편도 자신이 더 사랑받기를 원하여 아기가 자기 위치를 빼앗을까 겁이 났다. 그 결과 남편과 아내는 서로를 의심하게 되었다. 그들은 아이 돌보기를 게을리하지 않았으며 꽤 괜찮은 부모였다. 그러나 두 사람은 똑같이 서로에 대한 사랑이 식을 것이라고 예상하고 있었다. 그런 의심은 위험하다. 왜냐하면 만일 한 쪽이 상대방의 모든 말과 행동, 동작과 표정을 관찰하고 나서기만 하면, 애정이 식어가는 증거를 발견하는 것은 아주 쉬운 일이기 때문이다. 두 당사자 모두 그 증거를 발견했다. 공교롭게도, 남편은 휴가를 얻어 파리로 여행을 가서 즐거운 시간을 보냈다. 그 사이에 아내는 출산 후유증에서 회복하며 아기를 돌보았다. 남편은 파리에서 아내에게 편지를 썼다. 즐거운 시간을 보내고 있으며 온갖 부류의 사람들을 다 만나고 있다는 등의 내용이었다. 아내는 자신이 잊히고 있다고 느끼기 시작했다. 그래서 그녀는 전만큼 행복하지 않았으며 상당한 정도의 우울증을 느끼고 곧 광장공포증으로 고통 받기 시작했다. 이제 그녀는 혼자서는 더 이상 외출을 할 수 없게 되었다. 남편은 여행에서 돌아온 뒤로 항상 그녀를 동행해야 했다. 적어도 표면적으로는, 그녀가 자신의 목표를 성취한 것처럼, 말하자면 관심의 중심이 된 것처럼 보일 것이다. 그럼에도 불구하고 그것은 옳은 만족이 아니었다. 왜냐하면 그녀가 자신의 광장공포증이 사라지면 남편도 사라질 것이라는 느낌을 가졌기 때문이다. 그래서 그녀는 계속 광장공포증을 앓았다.

그녀는 이 병으로 힘들어 하는 동안에 의사가 자신에게 관심을 많이 쏟는다는 사실을 깨달았다. 그의 보살핌을 받는 동안에 그녀는 많이 나아졌다. 그녀의 우정의 감정이 온통 그에게로 쏟아졌다. 그러나 의사는 환자가 나아진 것을 확인하고는 그녀를 떠났다. 그녀는 멋진 문장으로 그에게 감사의 편지를 썼다. 그러나 의사는 편지에 답장을 하지 않았다. 이때부터 그녀의 병은 더욱 악화되었다.

　이어 그녀는 남편에게 복수를 하기 위해 다른 남자들과의 밀통을 꿈꾸기 시작했다. 그러나 광장공포증이 그녀를 불륜으로부터 보호해 주었다. 그녀가 혼자서 나갈 수 없었고 언제나 남편과 동행해야 했다는 점에서 보면 그렇다. 그녀는 밀통에 성공하지 못했다.

행복한 결혼을 위한 조언

　결혼생활에서 너무나 많은 잘못이 저질러지기 때문에, "이러한 조언이 과연 필요한가?" 하는 의문이 불가피하게 일어난다. 이 실수들은 어린 시절에 시작되었으며, 또 원형의 특징을 발견하고 재조직하면 잘못된 생활양식을 바꿔놓을 수 있다. 그러므로 개인 심리학의 방법들을 이용하여 결혼의 실수들을 해결해줄 어떤 자문위원회를 설치하는 것도 가능하지 않을까 하는 생각이 든다. 그런 위원회의 위원으로는 개인의 삶에서 일어나는 모든 사건들이 어떻게 서로 연결되어 있는지를 이해할 줄 알고 자신을 조언을 구하는 사람들과 동정적으로 동일시할 줄 아는 능력을 지닌 사람이 어울릴 것이다.

　그런 위원회라면 "여러분은 합의를 이루지 못하는군요. 계속 다투기만 하고. 그러니 이혼을 하는 게 낫겠소."라고는 말하지 않을 것이다. 이혼이 무슨 소용이란 말인가? 이혼 후에 다들 어떻게 되던가? 대체로 보면 이혼한 사람들은 다시 결혼하기를 원하면서 전과 똑같은 생활양식을 고수한다. 이혼한 사람이 계속 이혼하고, 그러면서도 다시 결혼하는 경우를 간혹 본다. 그들은 그저 실수를 되풀이한다. 그런 사람도 자문위원회에 자신들의 결혼이나 사랑의 관계 안에 사랑의 가능성이 들어 있는지를 물을 것이다. 아니면 이혼을 확정짓기 전에 위원회에 자문을 구할 수 있을 것이다.

어린 시절에 나타나기 시작했음에도 불구하고 결혼할 때까지 두드러지게 드러나지 않는 작은 실수들이 많다. 예를 들어 어떤 사람들은 언제나 자신이 실망하게 될 것이라고 생각한다. 이런 사람들의 어릴 적 모습을 보면 절대로 행복하지 않았으며 또 끊임없이 실망하게 될까봐 두려워했다. 이런 식으로 자라는 아이들은 부모의 사랑을 다른 형제자매에게 빼앗기지 않을까 걱정한다. 아니면 일찍부터 경험한 어려움 때문에 자신에게 비극이 다시 닥치게 되어 있다는 식의 미신을 갖게 된다. 실망에 대한 예상과 이런 두려움이 결혼생활에서 질투와 의심을 낳을 것이라는 점을 우리는 쉽게 알 수 있다.

여자들이 스스로를 남자들이 갖고 노는 장난감이라고 생각하는 경우가 있고 또 남자들이 언제나 정숙하지 못하다는 점에서 본다면, 여자들이 특별히 더 어렵다. 그런 생각을 품은 상태에서는, 결혼이 행복하지 않을 것이라고 생각하기가 쉽다. 만일

11장 사랑과 결혼

한쪽 당사자가 상대방이 정숙하지 않을 수 있다는 생각에 집착하고 있다면, 행복한 결혼생활은 불가능하다.

사람들이 언제나 사랑과 결혼에 대해 조언을 청하고 있다는 사실을 고려한다면, 사랑과 결혼이 인생에서 가장 중요한 문제로 여겨지는 것 같다. 그러나 개인 심리학의 관점에서 본다면, 그렇다고 그 중요성이 무시되어서는 안 되겠지만, 사랑과 결혼이 가장 중요한 문제인 것은 아니다. 만일 사람들이 사랑과 결혼의 문제를 지나치게 강조한다면, 그들은 삶의 조화를 잃고 말 것이다.

사랑과 결혼의 문제가 사람들의 마음에서 지나치게 중요성을 얻게 된 이유는 아마 다른 문제들과 달리 사랑과 결혼은 우리가 정기적으로 교육을 받는 그런 주제가 아니기 때문일 것이다. 인생의 3가지 중요한 문제들에 대해 우리가 논한 내용을 떠올려보라. 첫 번째 문제, 즉 우리가 다른 사람들과의 관계 속에서 하는 행동에 따를 사회적 문제에 대해서는 태어나는 순간부터 배운다. 우리는 이런 것들을 매우 일찍부터 배운다. 마찬가지로 우리는 직업에 대해서도 정기적으로 훈련을 받는다. 기술을 가르쳐줄 거장도 있고, 또한 우리가 해야 할 것에 대한 이야기를 들려주는 책도 있다. 그러나 사랑과 결혼을 준비하는 방법에 대해 들려주는 책은 어디 있는가? 분명 사랑과 결혼을 다루는 책도 많다. 모든 문학이 사랑 이야기를 다루고 있다. 그러나 행복한 결혼을 다루는 책은 극히 드물다. 우리의 문화가 문학과 밀접히 연결되어 있기 때문에, 모든 사람이 곤경에 처한 남녀의 초상에 관심을 집중해왔다. 사정이 이렇다 보니 사람들이 결혼에 대해 조심하고 또 조심한다 해도 전혀 이상할 것이 없다.

결혼은 인류가 시작한 이래로 계속되고 있는 관행이다. 성경을 보면, 여자가 세상의 모든 문제들의 시작이 되었으며, 그 후로 남자와 여자가 항상 사랑에서 대단한 위험을 경험한다는 이야기가 나온다. 우리의 교육은 추구하는 방향이 지극히 엄격하다. 소년과 소녀들이 죄를 지을 경우를 예상하여 교육을 시킬 게 아니라, 소녀들이 결혼에서 여자의 역할을 더 잘 수행하고 소년들이 남자의 역할을 더 잘 수행하도록 훈련을 시키는 것이 훨씬 더 현명할 것이다. 그러나 반드시 남자와 여자가 동등하다는 느낌을 받을 수 있는 방향으로 훈련이 이뤄져야 한다.

오늘날 여자들이 열등감을 느끼고 있다는 것은 곧 우리 문화가 실패했다는 사실을 증명하는 것이다. 만일 이 점을 믿지 못하겠다는 독자가 있다면, 여자들이 기를 쓰고 노력하는 모습을 보도록 하라. 그러면 여자들이 다른 사람들을 능가하길 원하며 종종 필요 이상으로 자신을 개발하고 훈련시키는 것이 확인될 것이다. 여자들은 또한 남자들만큼 자기중심적이다. 앞으로는 여자들에게 사회적 관심을 더 많이 개발하도록 가르치고 동시에 다른 사람들을 고려하고 자신의 이익만을 추구하지 않도록 가르쳐야 할 것이다. 그러나 이를 위해서, 우리는 먼저 남자들의 특권에 관한 미신부터 추방해야 한다.

위험 신호

일부 사람들의 경우 결혼 준비가 얼마나 형편없는지를 보도록 하자. 젊은 청년이 결혼을 약속한 젊은 소녀와 무도회에서 춤을 추고 있었다. 그러다 그가 그만 안경을 떨어뜨렸다. 그러자 청년은 안경을 줍느라 그 소녀를 거의 쓰러뜨릴 뻔 했다. 옆에 있던 사람들을 놀라게 만들었음은 말할 필요도 없다. 친구가 그에게 "왜 그랬어?"라고 묻자, 그는 "그녀가 안경을 밟아 부수도록 내버려둘 수는 없잖아."라고 대답했다. 이 젊은이는 아직 결혼할 준비가 되어 있지 않았던 것이다. 결국 그녀는 그와 결혼을 하지 않았다.

뒷날 그는 의사를 찾아 자신이 우울증으로 힘들어 한다고 말했다. 자기 자신에게 관심을 지나치게 많이 쏟는 사람들이 쉽게 걸리는 병이다.

어떤 사람이 결혼할 준비가 되어 있는지 여부를 이해하게 하는 신호들은 수없이 많다. 한 예로 사랑하는 사람일지라도 약속 시간에 뚜렷한 이유도 없이 늦게 나타난다면 그 사람을 신뢰해서는 안 된다. 그런 행동은 망설이는 태도를 보여주고 있다. 그것은 인생의 문제에 대한 준비가 덜 되어 있다는 신호이다.

만일 커플 중 한 쪽이 상대방을 교육시키길 원하거나 언제나 비판하려 든다면, 그것 또한 준비 부족을 말해주는 신호이다. 또한 예민해지는 것도 나쁜 신호이다. 왜냐하면 그것이 열등감 콤플렉스의 징조이기 때문이다. 친구가 전혀 없고 사교 모임에 부드럽게 섞이지 못하는 사람도 결혼생활을 할 준비가 제대로 되어 있지 않다. 직업 선택을 미루는 것도 좋은 신호가 아니다. 비관적인 태도를 보이는 사람도 제대로 준비가 안 되어 있고 의문스럽다. 비관주의가 상황을 직시할 용기가 부족함을 보여주는 것이기 때문이다.

바람직하지 않은 것들의 목록이 아무리 길다 하더라도, 제대로 된 사람을 선택하는 것이 그렇게 어려운 일이 되어서는 곤란하다. 누구도 이상적인 사람을 찾을 것이라고 기대해서는 안 된다. 정말로 어떤 사람이 결혼을 위해 이상형을 찾고 있는데 그런 사람을 찾지 못하고 있다면, 오히려 그 사람 본인이 우유부단한 태도로 힘들어 하고 있다고 보면 정확하다. 그런 사람은 결혼 문제에서 앞으로 나아가기를 바라지 않는다.

독일에는 옛날부터 남녀 커플이 결혼할 준비가 되어 있는지를 확인하는 방법이 한 가지 있다. 커플에게 손잡이가 양쪽에 달린 톱을 주는 것이 시골 지역의 풍습이다. 그러면 각자는 톱의 양쪽 끝을 잡고 나무둥치를 자른다. 그 사이에 친척은 주위에 둘러서서 커플이 톱질하는 모습을 지켜본다. 이제 나무를 자르는 것은 두 사람의 일이다. 각자는 상대방이 하는 일에 관심을 가져야 하고 상대방의 톱질과 조화를 이뤄야 한다. 따라서 이 방법은 결혼 준비를 테스트하는 좋은 방법으로 여겨진다.

사회적 임무

이 장의 결론으로, 나는 사랑과 결혼의 문제는 오직 사회적으로 적응이 잘 된 사람들에 의해 해결될 수 있다는 주장을 한 번 더 강조하고 싶다. 대부분의 경우에서 확인되는 실수는 사회적 관심의 부족 때문이며, 이 실수는 사람들이 변화해야만 제거될 수 있다. 결혼은 두 사람의 과업이다. 우리는 한 사람 혹은 스무 명이 수행하는 과업에 대한 교육은 잘 받았다. 하지만 두 사람이 하는 과업에 대한 교육은 절대로 없었다. 그러나 교육이 없었음에도 불구하고, 만일 두 사람이 자신의 성격적 결함을 인정하고 평등의 정신에서 매사에 접근한다면, 결혼의 과업은 적절히 수행될 수 있다.

최고 형태의 결혼이 일부일처제라는 것을 덧붙이는 것은 쓸데없는 짓일 것 같다. 일부다처제가 인간의 천성에 가장 잘 부합한다는 식으로 주장하는 사람도 있다. 이런 결론은 절대로 받아들여질 수 없다. 그 이유는 우리의 문화에서 사랑과 결혼은 사회적 임무이기 때문이다. 우리가 개인적 이익을 위해서만 결혼을 하는 것은 아니다. 간접적으로 사회적 선(善)도 추구한다. 마지막으로 결혼은 인류를 위한 것이 되어야 한다.

12장
성욕과 성 문제

사실과 미신

앞 장에서 인간관계와 사랑과 결혼의 전형적인 문제들을 논했다. 여기서는 똑같은 문제를 보다 구체적으로 볼 것이다. 이를테면 성욕의 문제와 이 문제가 실제 혹은 상상 속의 비정상에 미치는 영향에 대해 논할 것이다. 대부분의 사람들이 성적 관계의 문제들에 대비한 준비와 훈련을 삶의 다른 문제들에 비해 덜 한다는 사실을 우리는 이미 보았다. 이 결론은 섹스의 문제에도 그대로 적용된다. 성욕의 문제에는 타파해야 할 미신들이 대단히 많다.

가장 흔한 미신은 타고난 특성에 관한 미신이다. 말하자면 사람들은 성욕을 저마다 달리 타고나며 그 성욕은 변화할 수 없는 것이라는 믿음이다. 유전이 변명이나 구실로 너무 쉽게 이용되고 있으며, 이 구실이 문제의 개선을 방해한다. 그러므로 세상에 팽배한 의견들의 일부를 과학을 근거로 검증할 필요가 있다. 이 견해가 보통사람들에게 지나치게 진지하게 받아들여지고 있다. 그런데 과학자들은 오직 연구의 결과만을 제시할 뿐이며 훈련이나 교육 혹은 부정적인 환경적 요인들이 성욕에 미치는 영향에 대해서는 제대로 논하지 않는다.

어린 시절의 성욕

성욕은 삶의 아주 이른 단계때부터 드러난다. 주의 깊게 관찰하는 보모와 부모는 아이가 출생하고 며칠 되지 않아서 아이에게서 성적 자극과 움직임이 있다는 것을 확인할 수 있다. 그러나 성욕의 표현은 생각하는 것보다 환경에 훨씬 더 많이 좌우된다. 그렇기 때문에 어린이가 이런 식으로 스스로를 표현하기 시작할 때, 부모들은 아이가 기분을 풀도록 해 줄 방법을 찾아야 한다. 부모들이 아이의 기분을 제대로 풀어주지 않는 경우가 자주 있다.

대체로 어린 시절의 일부 성적 표현은 지극히 정상이라고 말한다. 그러므로 아이에게서 성적 표현이 보인다 하더라도 절대로 놀라서는 안 된다. 엄격히 말하자면 결국 각 성의 목표는 다른 성과의 결합에 있지 않은가. 그러므로 우리의 방침은 조심스럽게 기다리는 것이 되어야 한다. 옆으로 비켜서서 지켜보며 아이의 성적 표현이 그릇된 방향으로 발달하지 않도록 이끌어야 한다.

어린 시절의 자기훈련의 결과인 것을 유전적으로 물려받은 특성으로 돌리는 경향이 있다. 가끔 자기훈련의 행위 자체가 타고난 특성으로 여겨진다. 따라서 아이가 이성보다 동성에 더 많은 관심을 기울이는 것 같으면, 이는 유전으로 물려받은 장애로 여겨진다. 그러나 우리는 이 장애가 그가 하루하루 발달시켜 온 것이라는 점을 알고 있다. 간혹 아이 혹은 어른이 성도착의 조짐을 보이기도 한다. 이런 경우에도 많은 사람들은 도착증을 유전적으로 물려받은 것이라고 믿는다. 만일 그런 식으로 생각한다면, 그런 사람이 스스로 훈련을 하겠는가? 또 그런 사람이 자신의 행동에 대해 꿈을 꿔보고 연습하려 하겠는가?

어떤 사람들은 이 훈련을 어느 시기에 멈춰버린다. 이런 사실은 개인 심리학으로 설명될 수 있다. 예를 들어 패배를 두려워하는 사람들이 있다. 이들은 열등감 콤플렉스를 갖고 있다. 아니면 그들이 지나치게 많이 훈련하여 그 결과 우월감 콤플렉스가 생길 수도 있다. 이런 종류의 예에서 우리는 과도한 성욕처럼 보이는 과장된 동작을 포착할 것이다. 그런 사람들은 훨씬 더 큰 성적 능력을 소유하고 있을지도 모른다.

이런 유형의 발달은 특별히 환경의 자극을 받는다. 사진과 책, 영화 혹은 어떤 사회적 접촉이 이 같은 성적 충동을 과장하는 경향이 있다. 현대에는 거의 모든 것이 섹스에 대한 과장된 관심을 불러일으키는 것 같다. 이 시대에 섹스가 지나치게 과장되고 있다는 점을 강조하기 위해, 이런 자연적인 욕구의 중요성을 낮춰볼 필요까지는 없다. 또 이 욕구가 인류의 사랑과 결혼과 생식에서 맡는 중요한 역할을 평가 절하할 필요도 없다.

부모들이 매우 조심해야 할 부분이 아이의 성욕에 지나치게 관심을 보이지 않는 것이다. 어머니가 어린 아이의 첫 번째 성적 표현에 지나치게 관심을 집중하다가 아이가 성의 의미를 과대하게 평가하도록 만드는 경향이 있다. 어머니는 아이에게 언제나 그 일에 대해 말하며 또한 그 일로 아이를 처벌할 것이다. 이제 우리는 많은 아이들이 관심의 중심에 서길 원한다는 사실을 알고 있다. 아이가 어떤 버릇을 버리지 않고 계속 고집하는 것은 바로 그 버릇 때문에 꾸지람을 듣기 때문이다. 아이 앞에서 그 주제만을 지나치게 과장하지 않고 다른 일상적인 문제들과 같이 다루는 것이 더 바람직하다. 만일 아이에게 그 문제에 충격을 받았다는 인상을 주지 않는다면, 당신은 문제를 훨씬 더 쉽게 해결할 수 있을 것이다.

어머니는 애정을 가슴에만 담아두지 않는다. 입맞춤과 포옹 등으로 표현한다. 많은 사람들이 애정 표현을 자제하기가 어렵다고 말하지만, 그런 행위도 지나쳐서는 안 된다. 그런 행위도 건전하긴 하지만 절대로 과하면 안 된다. 그것은 아이를 자식으로 다루는 것이 아니라 적으로 다루는 것이나 다름없다. 응석받이로 큰 아이는 성적으로 제대로 발달하지 못하기 때문이다.

생활양식과 성욕

많은 의사와 심리학자들은 성욕의 발달이 모든 육체적 행동뿐만 아니라 마음과 영혼의 전반적인 발달의 바탕이라고 믿는다. 나의 관점에서 보면, 이는 사실이 아니다. 성욕의 전반적인 형성과 발달이 성격, 즉 생활양식과 원형에 좌우된다는 점에서 보면 그렇다.

따라서 예를 들어서 자신의 성욕을 어떤 식으로 표현하는 아이가 있고 또 자신의 성욕을 누르는 또 다른 아이가 있다면, 우리는 두 아이가 훗날 어른이 될 때 어떤 일을 겪을 것인지를 짐작할 수 있다. 만일 아이가 언제나 관심의 중심이 되고 정복하길 원한다면, 그는 또한 정복하고 관심의 중심이 되기 위해 성욕을 발달시킬 것이다.

많은 사람들이 성적 본능을 일부다처제 식으로 표현하면서 자신이 우월하고 지배적인 존재라는 믿음을 갖는다. 그에 따라 그들은 여러 사람과 성관계를 갖는다. 그들이 심리적 이유로 자신의 성적 욕구와 태도를 과장하는 경우가 많다. 그들은 그렇게 함으로써 자신이 정복자가 될 수 있을 것이라고 생각한다.

물론 이는 착각이며, 이 착각은 열등감 콤플렉스에 대한 보상의 역할을 한다.

성적 비정상의 핵심에는 열등감 콤플렉스가 자리 잡고 있다. 열등감 콤플렉스로 힘들어 하는 사람은 언제나 거기서 쉽게 빠져나올 길을 찾는다. 간혹 그 사람은 삶의 대부분을 배제하고 성생활을 과장함으로써 아주 쉽게 열등감에서 빠져나갈 길을 발견한다.

아이들에게서 이런 경향이 자주 발견된다. 주로 다른 사람들을 차지하길 원하는 아이들 사이에서 발견된다. 그들은 문제를 일으키고 따라서 삶의 무익한 측면으로 노력함으로써 자기 부모와 선생을 차지한다. 훗날에 그들은 다른 사람들을 차지하려 노력할 것이고 그런 식으로 우월하길 원할 것이다. 그런 아이들은 자신의 성적 욕구와 정복과 우월의 욕구를 혼동하면서 성장한다. 인생의 가능성과 문제의 일부를 배제하는 과정에, 간혹 그들은 이성을 몽땅 배제하고 동성애적으로 자신을 훈련시킬 수도 있다. 성도착자들 사이에 과장된 성욕이 종종 발견된다는 사실이 중요하다. 성도착자들은 실제로 정상적인 성생활을 할 경우에 직면하게 될지도 모르는 문제를 모면하기 위한 하나의 보험으로 자신의 도착적인 성향을 과장하고 있다.

그들의 생활양식을 이해하기만 하면, 우리는 이 모든 것을 쉽게 이해할 수 있다. 여기에 어떤 사람들이 있다. 그런데 이 사람들은 자신에게로 많은 관심이 쏟아지기를 바라고 있지만 아직 자신이 이성의 관심을 충분히 끌 수 있다는 믿음을 갖지 못하고 있다. 그들은 이성과 관련해서 열등감 콤플렉스를 갖고 있으며, 이 콤플렉스는 어린 시절로까지 거슬러 올라갈 것이다. 예를 들어서, 만일 가족 안에서 딸들의 행동과 어머니의 행동이 자신의 행동보다 더 매력적이라고 느꼈다면, 그들은 자신에게 여자들의 관심을 불러일으킬 힘이 전혀 없다는 느낌을 받을 수 있다. 그들은 이성을 대단히 동경하다 보니 이성을 모방하기 시작할 수도 있다. 따라서 소녀처럼 보이는 남자들이 있고 마찬가지로 남자처럼 보이려는 소녀가 있는 것이다.

범죄자의 예

아이들을 상대로 새디즘(가학성 성애)과 성행위로 고발된 사람의 예가 있다. 우리가 논한 성향들의 형성을 아주 잘 보여주는 예이다. 그 사람의 성장과정을 조사하면서, 우리는 그가 언제나 자신을 비난하기만 하던 독재적인 어머니를 두었다는 사실을 알아냈다. 이런 사실에도 불구하고, 그는 학창시절에는 훌륭하고 지적인 학생으로 성장했다. 그러나 그의 어머니는 그의 성공에 결코 만족할 줄 몰랐다. 이 때문에 그는 자신의 가족 사랑에서 어머니를 배제하기를 원했다. 그는 엄마에게 관심을 보이지 않고 그 대신에 아버지에게 관심을 보이며 애착을 강하게 느꼈다.

　이런 아이는 여자들이란 엄격하고 혹평만 일삼는 존재이며 또 여자들과의 접촉은 아주 필요한 상황이 아니면 피해야 하며 절대로 유쾌한 경험이 될 수 없다는 생각을 품게 된다. 이런 식으로 그는 이성을 배제하게 된다. 더욱이, 이 사람은 두려움을 느낄 때면 언제나 성적으로 자극을 받는 그런 부류이다. 불안에 떠는 한편으로 그것으로 인해 성적으로 자극을 받으면서, 이런 부류는 자신을 처벌하거나 고문할 수도 있으며, 아이가 고문당하는 것을 지켜볼 수도 있고, 아니면 자신이나 다른 사람이 고문을 당하는 것을 상상하기도 한다. 그는 이런 현실 또는 상상의 고문의 과정에서 성적 자극과 만족을 느낄 것이다.

　이 사람의 예는 그릇된 훈련의 결과를 암시하고 있다. 이 사람은 자신의 버릇이 그렇게 된 이유를 절대로 이해하지 못했거나 이해했다고 하더라도 너무 늦어버린 때에 알았을 뿐이다. 물론 25세 내지 30세 된 사람을 대상으로 적절히 훈련을 시작하기는 매우 어렵다. 적절한 시기는 물론 어린 시절이다.

　그러나 어린 시절에는 부모와의 심리적 관계 때문에 일이 아주 복잡하다. 아이와 부모의 심리적 갈등으로 인해 성적 훈련이 잘못 이뤄질 수 있다는 사실을 확인하는 것은 흥미로운 일이다. 호전적인 아이는 특히 사춘기에 부모를 괴롭힐 의도를 갖고 성욕을 악용할 수 있다. 소년과 소녀들이 자기 부모와 싸움을 한

직후에 성관계를 갖는 경우가 많은 것으로 알려져 있다. 아이들은 자기 부모에게 복수하는 수단으로 성관계를 이용한다. 부모가 자녀의 성관계에 민감하게 반응하는 경우에 특히 더 그런 현상이 나타난다. 싸움을 일삼는 아이는 거의 언제나 이런 공격 방식을 이용한다.

이런 전술을 피할 유일한 길은 아이가 스스로에게 책임을 지도록 만드는 것이다. 그렇게 하려면 아이가 자신의 성관계에 부모의 이해관계만 걸려 있다고 믿어서는 안 된다. 아이 본인의 이해관계도 마찬가지로 걸려 있다는 인식이 전제되어야 한다.

생활양식에 반영되는 어린 시절 환경의 영향 외에, 국가의 정치적 및 경제적 조건도 성욕에 영향을 미친다. 이 조건은 전염성이 매우 강한 사회적 풍조를 낳는다. 러일전쟁에서 패배한 러시아에서 첫 번째 혁명이 붕괴하고 모든 사람들이 희망과 자신감을 상실했을 때, '사니니즘'(러시아 소설가 미하일 아르치바셰프(1878-1927)의 소설 '사닌'(1907)에서 유래된 말로, 성욕 앞에서는 사회와 국가와 도덕을 인정하지 않는 자기중심적인 쾌락주의의 생활방식을 일컫는다/옮긴이)이라는 거대한 성해방운동이 전개되었다. 혁명 기간에도 이와 비슷하게 성욕의 과장이 일어나는 것을 볼 수 있다. 물론 전시에도 성적 관능에 의지하려는 현상이 나타난다. 삶이 무가치하게 보이기 때문이다.

경찰이 성욕을 이런 식으로 이용하는 것을 심리적 해방으로 이해하고 있다는 사실도 흥미롭다. 적어도 유럽에서는, 범죄가 저질러질 때마다 경찰은 대체로 매춘굴부터 뒤진다. 그곳에서 경찰은 수배 중이던 살인자나 다른 범죄자를 찾아낸다. 범죄자가 그곳을 찾는 이유는 범죄를 저지른 뒤에 느껴지는 팽팽한 긴장감을 풀기 위해서이다. 범죄자는 자신의 힘을 스스로 확인하면서 자신이 여전히 막강한 존재이며 패배한 영혼이 아니라는 점을 증명하길 원한다.

성적 탐닉

어느 프랑스인이 이렇게 말한 적이 있다. 배가 고프지 않은 때에도 먹고, 갈증이 없을 때에도 마시고, 늘 섹스를 하는 유일한 동물이 인간이라고. 섹스 본능의 탐닉은 정말로 다른 욕구의 탐닉과 비슷하다. 모든 욕구가 탐닉의 수준이고 모든 관심이 과도하게 발달한 지금, 그런 것들로 인해 삶의 조화가 방해를 받고 있다. 심리학의 기록에는 관심이나 욕구를 강박의 수준으로까지 발달시킨 사람들의 예로 가득하다. 돈의 중요성을 과도하게 강조하는 수전노의 예들은 보통사람들에게도 널리 알려져 있다. 그러나 청결이 가장 중요하다고 생각하는 사람들의 예도 있다. 그들은 모든 활동에 앞서 손부터 씻는다. 어떤 때는 낮 시간에 하루 종일 씻는 것으로도 모자라 밤에도 열심히 씻는다. 또 먹는 것을 대단히 중요하게 여기는 사람들이 있다. 이들도 하루 종일 먹으며 오직 먹거리에만 관심을 보이며 오직 먹는 것에 대해서만 대화를 한다.

성적 탐닉의 예도 이와 비슷하다. 성적 탐닉에 빠진 사람들은 활동의 전체적 조화에 불균형을 초래한다. 불가피하게 그들은 전반적인 생활양식을 쓸모없는 쪽으로 끌고 간다.

성적 본능에 대한 훈련이 적절히 이뤄지려면, 성적 본능도 우리의 성격 전체가 추구하고 있는 그 유익한 목표와 연결되어야 한다. 만일 그 목표가 적절히 선택된 것이라면, 성욕도 삶의 다른 면과 마찬가지로 절대로 과도하게 강조되지 않을 것이다.

모든 욕구와 관심이 통제를 받고 조화를 이루는 것이 중요한데, 자칫 잘못하면 그것들이 완전히 억눌러질 위험도 있다. 어떤 사람이 다이어트를 극단적으로 할 경우에 몸과 마음이 다 힘들어지는 것과 똑같이, 섹스 문제에 있어서도 철저한 금욕은 바람직하지 않다.

이 설명이 암시하는 바는 정상적인 생활양식이라면 섹스가 적절히 이뤄진다는 점이다. 그렇다고 우리가 균형이 깨어진 생활양식이 두드러진 특징인 신경증을 단순히 섹스의 자유로운 표현을 통해서 극복할 수 있다는 뜻은 아니다. 억눌린 리비도가 신경증의 원인이라는, 널리 퍼져 있는 믿음은 진리가 아니다. 오히려 그 반대이다. 신경증으로 힘들어 하는 사람들은 섹스를 적절히 표현할 기회를 찾지 못한다.

섹스 본능을 보다 자유롭게 표현하라는 조언을 듣고 그대로 따랐다가 사태가 더 악화되어 낭패를 당한 사람들이 있다. 일이 이런 식으로 더 악화되는 이유는 그 사람이 자신의 성생활을 사회적으로 유익한 목표와 연결시키지 않았기 때문이다. 정말이지, 사회적으로 유익한 목표만이 신경증적인 조건을 개선시킬 수 있다. 성적 본능의 표현 자체는 신경증을 치유하지 못한다. 왜냐하면 신경증은 생활양식에 나타난 병이고, 따라서 생활양식을 바꿔놓음으로써만 치유될 수 있는 병이기 때문이다.

개인 심리학자에게는 이 모든 것이 아주 명쾌하게 보인다. 그렇기 때문에 개인 심리학자는 행복한 결혼이 섹스 문제의 유일한 해결책이라고 말하는 데 조금도 주저하지 않는다. 신경증 환자는 이런 해결책에 대해 호의적으로 생각하지 않는다. 왜냐하면 신경증 환자는 언제나 겁쟁이이고 사회생활을 위한 준비가 제대로 되어 있지 않기 때문이다. 마찬가지로 성욕을 과장하고 일부다처제나 계약결혼에 대해 말하는 사람들은 섹스 문제의 사회적 해결을 회피하려고 애를 쓰는 이들이다. 그들에겐 남편과 아내 사이의 상호협력을 바탕으로 사회적 적응의 문제를 해결하려는 인내심이 전혀 없다. 그래서 그들은 새로운 형식을 통한 도피를 꿈꾸고 있다. 그러나 가장 험난해 보이는 길이 실제로 가장 쉬운 길인 경우가 종종 있다.

13장
열등의 중요성

이제 우리의 연구 결과들에 대해 최종적으로 결론을 내려야 할 때이다. 개인 심리학의 방법은 열등의 문제에서 시작하여 열등의 문제로 끝난다.

앞에서 본 것처럼, 열등은 인간의 노력과 성공의 바탕이다. 그런 한편 열등감은 심리적 부적응에 따른 모든 문제들의 원인이다. 개인이 적절한 우월의 목표를 구체적으로 발견하지 않을 때, 열등감 콤플렉스가 일어난다. 열등감 콤플렉스는 도피의 욕구로 이어진다. 도피의 욕구는 우월감 콤플렉스로 표현되는데, 이 콤플렉스는 거짓된 성공으로 만족감을 주는, 삶의 무익한 쪽으로 설정된 목표에 지나지 않는다.

이것이 바로 심리의 역동적인 메커니즘이다. 더 구체적으로 보면, 정신의 기능에 일어난 실수들이 특별히 더 해로운 때가 있다. 생활양식은 어린 시절에 형성되는 성향들, 즉 4세나 5세에 발달하는 원형으로 굳어진다. 심리가 이런 식으로 발달하기 때문에, 건강한 심리적 삶을 촉진하려는 노력은 어린 시절로 모아져야 한다.

어린 시절의 교육에 대해 말하자면, 중요한 목표는 사회적 관심을 적절히 배양하는 것이 되어야 하며 이 사회적 관심을 바탕으로 해서 유익하고 건전한 목표들이 세워져야 한다. 누구에게나 공통적으로 있는 열등감이 열등감 콤플렉스나 우월감 콤플렉스로 이어지지 않도록 막는 것은 오직 아이들이 사회적으로 잘 적응하도록 훈련을 시킴으로써만 가능하다.

사회적 적응과 열등의 문제는 동전의 양면과 같다. 인간들이 사회를 이뤄 살고 있는 이유는 개인으로서 한 사람의 인간은 열등하고 약한 존재이기 때문이다. 그러므로 사회적 관심과 사회적 협력은 곧 개인의 구원이다.